8.V
23176

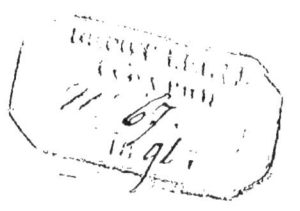

LA MENUISERIE

LA MENUISERIE

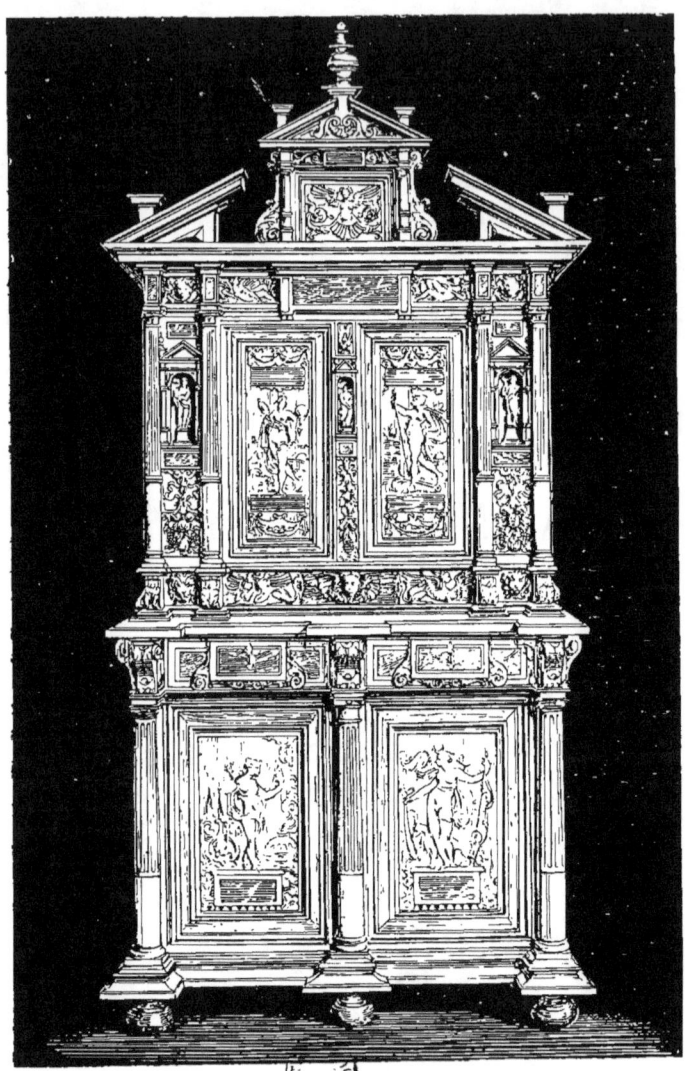

Fig. 1. — Armoire à deux corps en noyer ciré.
(XVIᵉ SIÈCLE)

LES ARTS DE L'AMEUBLEMENT

LA

MENUISERIE

PAR

HENRY HAVARD

Inspecteur des Beaux-Arts
Membre du Conseil supérieur

CENT ILLUSTRATIONS PAR A. MANGONOT

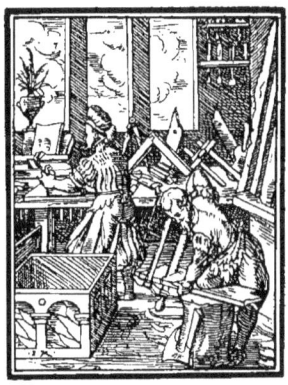

PARIS

LIBRAIRIE CHARLES DELAGRAVE

15, RUE SOUFFLOT, 15

Tous droits réservés.

Il a été imprimé 100 exemplaires de cet ouvrage sur japon des manufactures impériales, numérotés et signés.

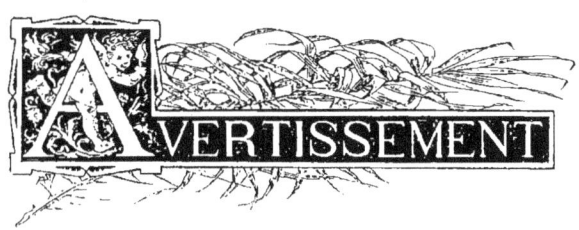

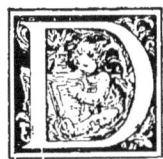epuis une trentaine d'années, une heureuse révolution s'est opérée dans le goût, et non seulement en France, mais encore à l'étranger, tout ce qui se rapporte directement ou indirectement à l'ameublement a pris une importance inattendue dans les préoccupations des gens du monde aussi bien que des artistes. Ces mille et un objets, compagnons fidèles de tous nos instants, trop longtemps dédaignés, injustement méconnus, ont reconquis dans l'estime générale la place à laquelle ils avaient droit. On commence même à s'apercevoir que les *arts de l'ameublement* ne sont point aussi inférieurs qu'on veut bien le prétendre à ce qu'on nomme communément les beaux-arts. En tout cas, les satisfactions qu'ils procurent à ceux qui savent les apprécier, les problèmes variés qu'ils soulèvent, les beautés spéciales qu'ils présentent, justifient amplement l'intérêt qu'on leur témoigne.

Une autre raison doit encore nous faire souhaiter de voir leur étude se généraliser en France. Le soin de conserver notre suprématie artistique quelque peu menacée nous impose le devoir de familiariser nos jeunes gens avec les innombrables applications de procédés toujours ingénieux, souvent très savants, qu'exige l'exercice de ces différentes professions. Il importe, en effet, à tous ceux qui se destinent à la pratique des *arts industriels* d'apprendre de bonne heure que chacun d'eux possède son esthétique particulière et que, suivant les matières qu'il met en œuvre, il se trouve soumis à des lois spéciales qu'il ne lui est pas permis d'enfreindre, à des règles étroites qu'il lui est interdit de transgresser.

Chaque matière, en effet, comporte une contexture, une ductilité, une densité qui lui sont en quelque sorte personnelles et dont les qualités mêmes imposent à l'artiste la nécessité de recourir à un traitement spécial. Il est clair, par exemple, que les fibres souples et tenaces du bois ne sauraient être taillées comme le grain sec et cassant de la pierre ou du marbre, et les façons qui conviennent à la pierre, au marbre ou au bois ne sauraient convenir à l'argile qui, flexible et malléable, se modèle à la main, ou aux métaux qui se fondent ou se martèlent.

Parmi ces derniers, le degré de dureté, la fusibilité plus ou moins grande, aussi bien que la valeur intrinsèque, forcent l'artiste à employer pour chacun d'eux des procédés différents. Il n'y a que des rapports très lointains entre la mise en œuvre du fer qui se forge par grandes masses et celle de l'or qu'on fond et cisèle par petits lingots. Or ces traitements si divers ne sont point inutiles à approfondir. C'est faute d'avoir appris à les connaître que les gens du monde exigent si souvent d'industriels trop empressés à leur plaire, qu'ils donnent à certaines matières des formes qui seraient mieux appropriées à des objets de nature très différente. C'est à cette même ignorance qu'il faut attribuer le manque d'originalité, de convenance, de la plupart des modèles qui, dessinés par des artistes cependant fort habiles, pourraient s'appliquer aussi bien à la céramique qu'à la métallurgie.

Un vase, quelle que soit sa destination, doit revêtir une forme particulière suivant qu'il est en or, en argent, en bronze, en porcelaine, en faïence, en marbre ou en bois, et cette forme doit être assez caractéristique pour qu'à première vue, et par la seule contemplation de son galbe, on puisse découvrir de quelle matière il est fabriqué.

C'est pour remédier à ce manque de connaissances, si fâcheux à tous égards, que nous avons entrepris de publier cette petite bibliothèque des *Arts de l'ameublement*. Nous avons pensé rendre aux amateurs de beaux meubles et aux gens du monde un véritable service, en leur permettant de se pénétrer des dif-

AVERTISSEMENT

ficultés pratiques et des exigences que présente la mise en œuvre des divers matériaux plus particulièrement employés dans chacun de ces différents arts, et du genre de beauté auquel ils peuvent prétendre. Nous sommes, en outre, convaincu que les professeurs et les élèves de nos *écoles d'art décoratif* nous sauront gré d'avoir précisé à leur intention les conditions de construction, d'équilibre, de statique, auxquelles doivent se conformer les principaux ouvrages du mobilier, pour répondre aux règles de convenance, d'élégance et de solidité indispensables.

Ayant à résoudre un problème particulièrement délicat, nous nous sommes adressé à un écrivain dont la compétence en ces matières est universellement reconnue. M. Henry Havard a bien voulu se charger non seulement d'écrire spécialement pour nous la suite de monographies dont nous commençons aujourd'hui la publication, mais encore d'en diriger et d'en surveiller l'illustration, de façon que texte et dessins forment un tout d'une homogénéité parfaite.

Nous n'avons pas besoin de présenter M. Henry Havard à nos lecteurs. Les hautes fonctions qu'il occupe au ministère de l'instruction publique et des beaux-arts, l'incontestable autorité qu'il a su acquérir comme critique d'art, la part considérable qu'il a prise à l'organisation des Expositions universelles d'Amsterdam en 1883 et de Paris en 1889, la faveur exceptionnelle que le public a toujours témoignée à ses ouvrages, ont fait assez connaître l'historien de l'*Art hollandais*, l'auteur de l'*Art dans la maison* et du *Dictionnaire de l'ameublement*, pour que toute présentation soit au moins inutile. Ce dont nous pouvons assurer nos lecteurs, par contre, c'est que M. Henry Havard a apporté dans la rédaction de ces petits volumes non seulement le même soin, la même conscience que dans ces magnifiques et coûteux ouvrages qui ont fait sa réputation, mais aussi ce style simple, élégant, précis, et surtout cette clarté d'exposition qui donnent à ses écrits une si grande valeur didactique.

Nous n'avons, d'autre part, rien négligé pour que ces petits livres, malgré leur prix infime, constituent à leur tour de véritables œuvres d'art. L'illustration, confiée à des artistes éprouvés, a été exécutée avec une attention exceptionnelle, et nos gravures, relativement très nombreuses, — plus de cent par volume, — peuvent lutter comme finesse et comme beauté avec celles des publications de grand luxe. Le caractère, entièrement neuf, a été, après de nombreux essais, choisi par l'auteur lui-même, à cause de ses qualités de netteté et de lisibilité ; enfin le papier, d'une pureté absolue, exempt de *charge*, et la reliure souple qui les enveloppe, achèvent de faire de ces jolis volumes de véritables petits modèles de typographie.

Faut-il ajouter que si nous leur avons donné ces qualités d'élégance et de recherche, c'est que nous avons voulu que leur possession pût être souhaitée par tous les jeunes gens comme une récompense ? La petite bibliothèque des *Arts de l'ameublement* a, en effet, sa place marquée dans toutes les mains. Sa lecture comporte la meilleure des « leçons de choses » qu'on puisse désirer ; car les curieuses questions qu'elle apprend à résoudre sont de chaque jour, et leur solution, tout en formant notre goût, nous enseigne mille faits généraux qu'il est indispensable de connaître.

Charles DELAGRAVE.

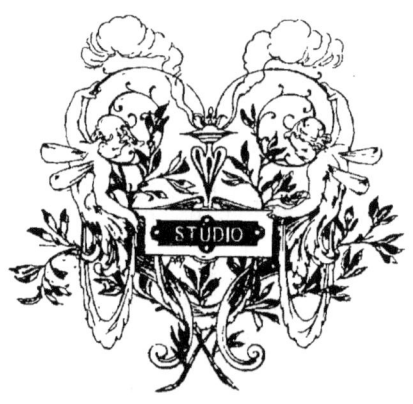

LA MENUISERIE

PREMIÈRE PARTIE

FABRICATION

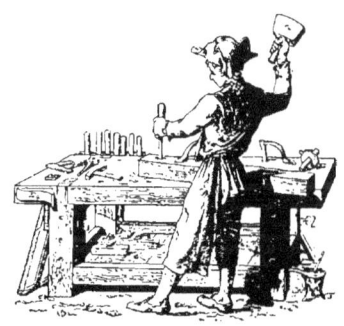

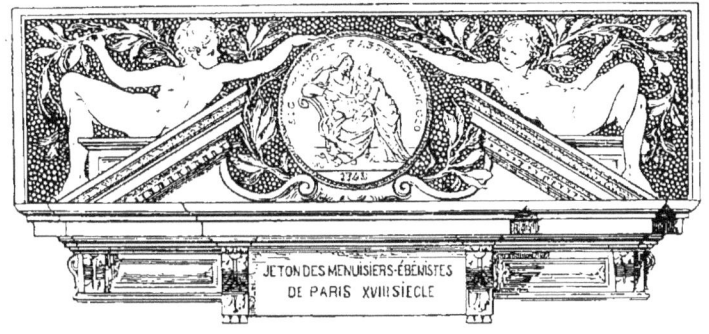

JETON DES MENUISIERS-ÉBÉNISTES
DE PARIS XVIII.ᵉ SIÈCLE

I

DÉFINITION DE LA MENUISERIE. — DIFFÉRENTES SORTES
DE BOIS QU'ELLE MET EN ŒUVRE.

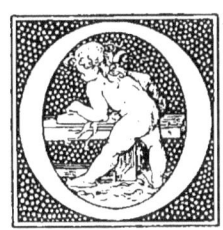N donnait autrefois le nom de MENUI-
SERIE à tous les ouvrages de petites
dimensions exécutés par les différentes industries qui, de près ou de loin,
touchent à l'ameublement. C'est ainsi
que les orfèvres, pour ne citer qu'un
ou deux exemples, distinguaient les
œuvres de *grosserie* de celles de *menuiserie* et portaient, suivant la taille des pièces qu'ils façonnaient, le titre d'*orfèvres
grossiers* ou d'*orfèvres menuisiers*. Un *édit* de Henri II, con-
cernant le « fait d'orfèvrerie » et donné au mois de mars 1554,
ne permet de « travailler l'argent, soit en grosserie, soit en
menuiserie », qu'à un certain titre. Chez les potiers d'étain
la même division existait, et le *Tarif général des droicts des
sorties et entrées du Royaume,* établi en 1664, porte que
l'étain « ouvré, menuisé et sans menuiserie » payera cent
sols « le cent pesant ». Ces façons de parler étaient encore
en usage à la fin du XVII.ᵉ siècle, car Furetière écrivait

en 1686 : « Les orfèvres appellent ouvrages de *menuiserie* les petits ouvrages d'or et d'argent qu'ils fabriquent, comme anneaux, boucles, crochets, etc., ce qu'ils opposent à la *grosserie,* qui se dit de toutes sortes de vaisselles et de gros ouvrages. » Néanmoins, dès le XVIe siècle, on avait pris l'habitude de désigner sous le nom de menuisiers, sans autre qualification, les « charpentiers de la petite cognée », qui exécutaient les ouvrages faits de « menus bois » ou « menuise[1] »; et sous le nom de menuiserie proprement dite on englobait : 1° tous les ouvrages de bois « taillés et assemblés avec propreté et délicatesse »; 2° « tout le bois taillé et raboté » destiné à l'aménagement, la décoration intérieure et l'ameublement d'un édifice.

Limitée à cette spécialité, la menuiserie ne laissa pas que de constituer une industrie des plus importantes. De tous les matériaux mis en œuvre dans la confection du mobilier, il n'en est aucun qui soit plus généralement employé que le bois, et qui convienne à un plus grand nombre d'usages. Son prix relativement peu élevé, sa légèreté spécifique, sa résistance, sa souplesse, son élasticité, sont autant de qualités qu'aucune autre matière ne montre à un égal degré; alors que l'étonnante variété des formes auxquelles il se plie et les précieuses ressources décoratives qu'offrent son grain, sa fibre, sa couleur, — suivant l'essence choisie et les façons qu'il reçoit, — recommandent son emploi d'une manière toute spéciale.

A ces avantages déjà si nombreux il convient d'ajouter l'agrément qu'il présente au toucher. Ses contours, en effet, n'ont jamais cette rigidité, cette dureté qui sont caractéris-

---

[1]. Au XVIIIe siècle, on désignait encore sous le nom de *menuise* le bois à brûler « qui estoit trop petit pour estre mis avec les bois de compte ou de corde ». L'article II du *Règlement* de 1724 défendait aux marchands de « triquer le bois de menuise » pour le mélanger avec d'autre bois plus fort et plus long.

tiques du métal, et sa température, qui semble se rapprocher de celle du corps humain, ne cause point l'impression désagréable qu'on éprouve trop souvent au contact de la pierre ou du marbre[1]. Cette heureuse propriété vient de son peu de conductibilité. La sensation de froid ressentie par notre épiderme au toucher de certains corps solides est, on le sait, en raison directe de la faculté que ceux-ci possèdent de transmettre la chaleur. Plus leur conductibilité est grande, plus l'élévation de température qui leur est communiquée par le contact de notre peau est vite absorbée et transmise rapidement aux parties avoisinantes. Or la conductibilité du bois de noyer est seulement de 0,10; celle du sapin, de 0,17; celle du chêne, de 0,21, alors que la conductibilité du marbre s'élève à 3,48, et que celles du zinc, du fer et du cuivre vont de 28 à 64.

Toutes ces qualités si variées, si nombreuses, précieuses à tant de titres, ont fait rechercher le bois pour les applications et les usages les plus divers; mais toutes les essences ne sont pas propres aux mêmes ouvrages. On a donc grand soin de choisir celles qui conviennent le mieux aux travaux qu'on entend exécuter.

Les diverses espèces employées dans la menuiserie sont le chêne, le peuplier ou *grisard,* l'orme, le frêne, le noyer, le poirier, le hêtre ou *fayard,* l'érable indigène, le tilleul, le sycomore, l'aulne, le charme et le merisier. Autrefois on se servait aussi beaucoup de châtaignier. Nos forêts du centre de la France en fournissaient des *grumes* superbes, mesurant parfois plusieurs mètres de circonférence. La couleur de ce bois d'un beau jaune clair, ses fils droits et parallèles; sa propriété de ne se point laisser attaquer par la vermine le faisaient rechercher, et l'on peut encore voir, dans les combles de nos anciens édifices, dont les charpentes sont très souvent faites de ce bois, combien l'estime dans

---

1. Voir l'*Art dans la maison*, édition in-8°, tome Ier, p. 40.

laquelle on le tenait était justifiée. Mais l'hiver de 1709, qui fut particulièrement rigoureux, détruisit presque tous les châtaigniers dont le centre de la France était couvert. Ces beaux arbres furent gelés; on dut les abattre; et, trop impatients pour laisser à ces géants de nos forêts le temps nécessaire à leur croissance, nos paysans exploitèrent désormais le châtaignier en taillis, de sorte que ce bois précieux ne sert plus guère aujourd'hui qu'à faire des échalas, des cerceaux ou des treillages [1].

Parmi les bois qui pourraient également être utilisés par la menuiserie, il convient de citer l'acacia et le bouleau, qui, injustement négligés, sont accaparés par certaines industries spéciales, par les tourneurs notamment et les charrons. Enfin, il nous faut encore mentionner le pitch-pin, nouvellement adopté pour la confection des mobiliers d'été, ainsi que le pin, le sapin et le mélèze, par lesquels nous terminerons cette énumération, et qui ne sont guère employés que dans la menuiserie commune.

Ces différents bois, à l'exception du pitch-pin, qui se tire d'Amérique, et de diverses essences de chêne et de sapin qui nous viennent du Nord, sont produits par notre sol et donnent lieu à un commerce considérable. La plupart d'entre eux se distinguent par des qualités spéciales qui les ont fait particulièrement adopter pour certaines sortes de travaux; mais de tous c'est le chêne qui convient le mieux aux ouvrages de la menuiserie. Soit qu'on se préoccupe surtout de l'élasticité, de la résistance et de la durée, soit, au contraire, qu'on ait plutôt en vue la variété du grain, l'homogénéité, la finesse des fibres, c'est à lui qu'on accorde presque toujours une juste et légitime préférence.

---

1. Il nous souvient d'avoir traversé en Corse la forêt de Vizzavona, qui comptait des milliers de ces beaux châtaigniers, âgés de deux ou trois siècles et mesurant plusieurs mètres de circonférence. Cette admirable forêt, inexploitée à cause du manque de routes, peut donner une idée de ce qu'étaient nos anciens bois de châtaigniers.

On emploie dans la menuiserie courante deux sortes de Chêne : le dur et le tendre. Le chêne dur était autrefois nommé *bois de pays,* parce qu'il se tirait de France. Le Bourbonnais et la Champagne en approvisionnaient Paris. Il y parvenait en *grume,* c'est-à-dire abattu, coupé, mais non équarri ; de plus, il était flotté. Le *bourbonnais* ne jouissait que d'une médiocre réputation. Il passait pour se tourmenter. Il lui arrivait assez souvent, une fois converti en panneaux, de se coffiner ou de se fendre. Sa couleur d'un gris pâle était, en outre, peu appréciée. Aussi le réservait-on pour les bâtis, et surtout pour les ouvrages ordinaires réclamant que de la solidité. Le *champagne* était plus estimé. Moins dur et moins noueux que le *bourbonnais* et d'une couleur jaune plus agréable, il était fort employé dans la menuiserie en bâtiment, et, refendu en minces voliges, on l'utilisait pour les lambris.

Le chêne tendre, qu'on désigne sous le nom de *bois de Lorraine* ou *des Vosges,* indépendamment de sa qualité d'être moins rebelle à l'outil, se distingue par sa belle couleur d'un jaune clair, parsemée de petites taches rouges. Son riche veinage est, en outre, agréable à l'œil ; son grain résistant, qui se prête bien à la sculpture, se présente presque toujours sans nœuds ni gales. Aussi n'a-t-on cessé de l'employer à la confection des lambris et des meubles à bâtis et à panneaux, comme armoires, buffets, etc. Enfin, parmi les essences françaises il faut encore mentionner le chêne de Fontainebleau, qui tient, comme qualité, le milieu entre le bois des Vosges et le bois de pays. Sa couleur surtout est fort belle, mais il est particulièrement sujet à se piquer aux vers.

Malheureusement le dépeuplement de nos forêts et l'impossibilité de se procurer en nombre suffisant de beaux arbres grandis sur notre sol, ont, dès le xviie siècle, obligé nos industriels à se pourvoir à l'étranger. Depuis deux cents ans, on importe par quantités en France les chênes du Nord, connus dans le commerce sous le nom de *bois de Hollande,* parce qu'ils ont été longtemps expédiés de ce dernier pays, où ils étaient préalablement débités en planches ou plateaux. Enfin l'établissement des chemins de fer a permis à nos menuisiers parisiens de s'approvisionner en partie de chênes tirés des immenses forêts de la Hongrie.

Les piqûres de vers ne sont malheureusement pas les seuls défauts qui se rencontrent dans les diverses sortes que nous venons de passer en revue. On peut citer encore l'*aubier*, les *flaches*, les *nœuds*, les *malandres*, les *gelifs* ou *gelivures* (*givelures* en termes d'ouvrier), les *gales*, les *fistules*, les *rougeurs* ou *échauffures*, la *pourriture*, etc.

On donne le nom d'*aubier* à la dernière croissance de l'arbre, c'est-à-dire à la couche qui se trouve entre l'écorce et le bon bois (voir fig. 6, cote *a*). Le menuisier a grand soin de retrancher cette couche, qui en séchant devient blanche, et avec le temps tombe en poussière. Sous l'ancien régime, alors que l'exercice des diverses professions était gouverné par des règlements étroits, il était sévèrement interdit d'employer l'aubier pour aucunes sortes d'ouvrages [1].

Les *flaches* proviennent d'un équarrissage mal conduit et qui, n'ayant pas été fait à vive arête, entraîne une perte sensible lorsque ensuite on débite et corroie le bois pour s'en servir.

On sait en quoi consistent les *nœuds*. Ils marquent le passage des branches à travers le corps de l'arbre, et non seulement ils séparent les fils du bois, mais, quand celui-ci est refendu, ils trouent les planches de peu d'épaisseur.

---

1. Dans l'*Ordonnance* du 4 septembre 1382, il était fait expressément défense aux menuisiers de travailler « les bancs de taille (c'est-à-dire sculptés) ne à colombes (colonnes) et dreçoirs tant de taille comme autres » dans un bois où il y avait de l'aubier. Il était également interdit de faire des coffres à queue d'aronde où il y eût de l'aubier. Celui-ci était proscrit, au surplus, de tous les ouvrages de menuiserie, même des bancs de taverne.

On appelle *malandres* des veines tantôt rouges et tantôt blanches qui sont sujettes à se pourrir rapidement ; *gélifs,* les fentes que produit la gelée ; et *gales,* des défauts assez semblables à de petits nœuds qui défigurent la surface de certains bois, sans entraîner pour cela leur mise hors de service.

Enfin les *fistules* sont le résultat de coups de hache ou de cognée maladroitement donnés lorsqu'on abat l'arbre ou lorsqu'on l'équarrit ; et les *rougeurs* ou *échauffures* indiquent un commencement de pourriture.

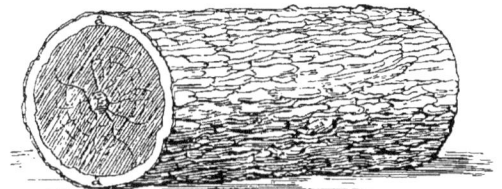

Fig. 6. — Grume avec son écorce. — *a,* l'aubier.

Après le chêne, c'est le NOYER qui est le plus employé dans la menuiserie. Il est d'autant plus apprécié pour les beaux ouvrages, que sa fibre très homogène se prête admirablement à la sculpture. On distingue deux sortes de noyer, le blanc et le noir. Le blanc, appelé communément *noyer femelle,* est le moins estimé, quoique étant le plus propre aux travaux d'assemblage. Il provient d'arbres jeunes, ou qui ont acquis leur développement dans des terrains humides. Le noir est ferme, plein, très dur. Sa couleur est d'un gris jaunâtre assez foncé, avec des veines souvent très riches teintées de noir. Malheureusement il est assez sujet aux vers.

L'ORME est un bois liant, d'un grain serré et veiné. Sa couleur est tantôt rougeâtre, tantôt jaune tirant sur le vert. Son aubier est assez dur pour pouvoir être employé. Il présente, en outre, peu de nœuds.

Le grain du Hêtre est serré. C'est un bois plein et de fil; sa couleur d'un blanc roussâtre est agréable à l'œil. Il n'a point d'aubier, mais il est sujet à s'échauffer et à être piqué. Si sec qu'il puisse être, il se tourmente toujours, ce qui empêche de s'en servir dans le bâtiment et oblige de le réserver pour les sièges.

Le Tilleul, autrefois très usité pour les lambris, aujourd'hui injustement délaissé, est un bois blanc, uni, qui prend aisément la colle, se coupe bien et convient admirablement pour les ouvrages de sculpture. Il se laque à merveille; par contre, il dure peu.

Le Merisier est tendre, facile à travailler, accepte bien le poli, la couleur et le vernis; il est en outre agréablement veiné, et sa fibre, naturellement d'un gris rougeâtre, teinte en rouge simule l'acajou. Jadis il n'était guère employé qu'en Bretagne. On en fait aujourd'hui quantité de sièges communs.

Le Peuplier ou Grisard, bois blanc et mou, difficile à travailler, est réservé, nous l'avons dit, pour le remplissage et la menuiserie commune. Il en est de même de l'Aulne. Quant au Sapin, bois tendre et de fil, mais de dureté inégale et sujet à s'échauffer, on l'utilise surtout dans les ouvrages légers et de peu de durée. Pour prolonger sa conservation, les menuisiers en bâtiment le revêtent de peinture à l'huile.

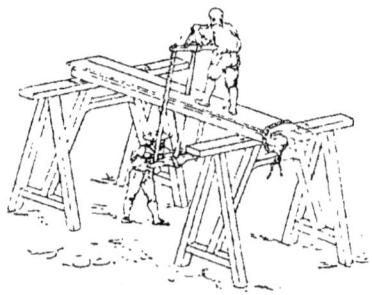

Fig. 7. — Les scieurs de long.

II

DE LA FAÇON DONT LE BOIS EST DÉBITÉ ET DES PRÉCAUTIONS EXIGÉES POUR SA MISE EN ŒUVRE.

Autrefois le bois était livré au menuisier en *grume*, c'est-à-dire coupé dans son épaisseur, mais non équarri, et conservant encore son écorce. Le menuisier le divisait lui-même à la scie, le tranchant dans le sens de sa longueur en planches ou en plateaux de diverses forces. Cette opération, qu'exécutaient des ouvriers spéciaux, nommés

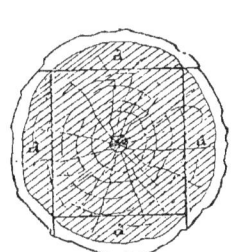

Fig. 8. — Petite grume prête à être équarrie. — *a*, les dosses.

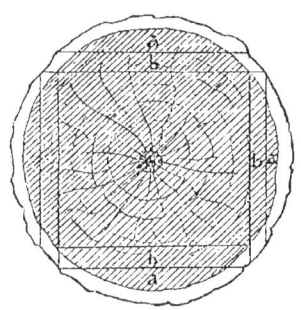

Fig. 9. — Grosse grume prête à être équarrie. — *a*, les dosses. — *b*, les contre-dosses.

scieurs de long, ne laissait pas que de demander beaucoup de temps. Elle était, en outre, assez délicate.

Le premier soin du menuisier en recevant une grume était de la dépouiller de son écorce, puis de l'équarrir en enlevant les *dosses*, c'est-à-dire l'aubier (voir fig. 8, cote *a*). Mais comme avant tout on se préoccupait de perdre le moins de bois possible, quand le diamètre de l'arbre était considérable, dans la crainte que les dosses ne fussent trop épaisses, on faisait sur chaque face de la *grume* une seconde levée nommée *contre-dosse* (voir fig. 9, cote *b*). De cette façon on arrivait, sans beaucoup de perte, au vif du bois. Et, en effet, pour peu que ce dernier fût de bonne qualité, les contre-dosses, tout en étant sensiblement plus tendres que le reste de l'arbre, ne présentaient d'aubier qu'à leurs extrémités et pouvaient, par conséquent, être employées pour les ouvrages communs.

Une fois le bois équarri, le menuisier le débitait. Cette opération s'effectuait soit en tranchant l'arbre verticalement, — ce qu'on appelait *fendre sur la maille,* — soit en le refendant préalablement en quatre parties et en débitant ensuite chacun des quartiers séparément.

Le bois fendu sur la maille, c'est-à-dire parallèlement aux rayons de l'arbre, présente d'assez grands avantages. Les plateaux qu'on obtient ainsi sont plus larges, offrent plus de résistance et, se laissant pénétrer moins facilement par l'humidité, sont, par conséquent, moins sujets à se tourmenter. Leur principal défaut est qu'ils se polissent difficilement; les rayons de l'arbre, se trouvant coupés sur leur épaisseur, portent à la surface des parties dures, qui désaffleurent. En outre, d'un plateau à l'autre la qualité varie. Quand on refend les arbres sur toute leur largeur, comme l'indique notre figure 10, les planches qui passent par le centre se trouvent exactement sur la maille; mais à mesure qu'on s'éloigne du centre, elles y sont de moins en moins et finissent même, dans le voisinage de la circonférence, par devenir perpendiculaires aux rayons et, par suite, presque parallèles aux couches concentriques. Ainsi la résistance du bois s'amoindrit de plus en plus, et pour quelques plateaux excellents on risque d'en avoir une quantité de médiocres.

Ce sont les Hollandais qui introduisirent l'habitude de fendre d'abord les arbres par quartiers, et de débiter ensuite chaque quartier isolément. Pour conserver au bois le maximum de qualités qu'il peut avoir, on a soin, quand on use de ce procédé, de débiter les planches soit perpendiculairement à l'un des côtés du rectangle formé par la double section, comme nous l'indiquons en *a* (voir fig. 11), soit en le tranchant perpendiculairement à la circonférence, comme on peut le voir en *b* (même figure), mais en évitant soigneusement de le refendre parallèlement à cette même circonférence (comme en *c*), sauf pour l'érable, dont le cœur est mauvais et qu'on débite de cette dernière manière[1].

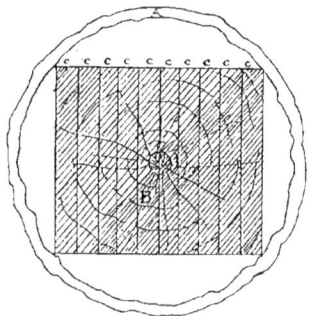 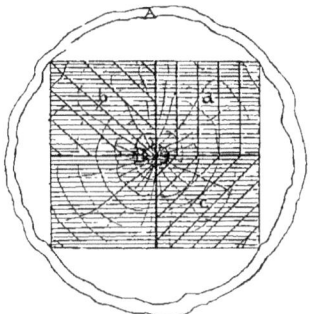

Fig. 10. — Grume équarrie, tranchée sur la maille. — A, l'aubier. — B, le tronc équarri. — *c, c, c,* les traits de la scie.

Fig. 11. — Grume équarrie et tranchée par quartiers, avec les différentes façons de débiter le bois.

Toutes ces opérations, assez simples en théorie, ne laissent pas que d'offrir, dans la pratique, des complications nombreuses. Il faut, en effet, au cours du travail, tenir compte de la déformation naturelle des arbres et de leurs vices intérieurs, de façon à tirer le meilleur parti des grumes que l'on a à débiter. On doit, en outre, s'arranger de manière que les plateaux soient toujours sciés régulière-

1. On est, depuis vingt ans, parvenu à dérouler l'érable, c'est-à-dire à le trancher circulairement. Mais cette façon de débiter ce bois précieux concerne spécialement l'ébénisterie. Nous en reparlerons autre part.

ment, avec le moins de perte possible, et qu'ils ne présentent, une fois débités, aucun défaut capital qui entraînerait leur rejet.

Suivant l'usage auquel le bois est destiné, on donne à ces plateaux des épaisseurs et des largeurs diverses. Mais, tranchés à la convenance du menuisier, ils ne sont point encore en état d'être immédiatement employés. Il faut d'abord les faire sécher. Plus les espèces sont dures, plus cette opération est longue. C'est pourquoi les maîtres dans l'art de la menuiserie recommandaient, au siècle dernier, de ne point se servir de bois « qu'il n'ait au moins huit années de coupe [1] ».

Pour faire sécher le bois, on l'empile dans des chantiers. Ces chantiers doivent être situés en un endroit relativement élevé, et nivelé de manière que l'écoulement des eaux y soit facile et rapide. En outre, il faut éviter qu'ils soient plantés d'arbres, à cause de l'humidité qui en résulterait. Pour la même raison, le terrain occupé par les piles doit être pavé et en contre-haut. Ces précautions prises, on dispose sur le sol des madriers épais, de longueur convenable et soigneusement équarris, qui portent eux aussi ce même nom de *chantiers*. Puis, sur ces madriers on dresse la pile à claire-voie, en ayant soin d'espacer les planches de façon que l'air circule librement entre elles. Pour cela, on les soutient de loin en loin avec des lattes qui, tout en les empêchant de se toucher, doivent être néanmoins assez rapprochées pour que les plateaux n'aient pas de tendance à gauchir. Enfin, quand la pile est suffisamment montée, on la couvre de planches posées « à recouvrement » et inclinées de telle sorte que la pluie ne puisse pénétrer entre elles.

On comprend quelle dépense et quel embarras cause une installation pareille. Cependant, jusqu'au XVIIIe siècle, les

---

[1]. L'*Art du menuisier*, par Roubo le fils, compagnon menuisier ; Paris, 1769 ; première partie, p. 32.

menuisiers conservèrent l'habitude de débiter chez eux et d'emmagasiner tous leurs bois d'œuvre ; et comme les menuisiers parisiens étaient établis un peu partout dans la capitale, on rencontrait de ces chantiers jusqu'au cœur de Paris. Le sinistre qui détruisit, en 1720, les ateliers de l'illustre Boulle, prit naissance dans la cour même du Louvre, où le sieur Marteau, menuisier du roi, avait entassé ses provisions de bois. Boulle possédait également chez lui pour douze mille livres « de bois de sapin, de chesne, de noyer, de panneau ou mairin, de bois de Norvègue, amassés et conservés depuis longtemps pour la bonté et qualité des ouvrages [1] ». Cette provision vint encore alimenter l'incendie.

Le renchérissement des terrains força, dès les premières années du XVIIIe siècle, les menuisiers parisiens à transporter leurs chantiers en dehors des remparts. Le plus grand nombre alla s'établir au faubourg Saint-Antoine, alors presque désert, et qui devint bientôt le quartier général de leur artistique industrie. Puis, comme cette provision de plateaux et de planches n'exigeait pas seulement beaucoup d'espace, mais encore beaucoup d'argent, la spéculation s'en mêla. Des négociants se chargèrent d'approvisionner les ateliers au fur et à mesure de leurs besoins. D'énormes dépôts de bois de Hollande, appelés *bois d'échantillon*, furent établis sur les quais de l'Hôpital [2] et de la Rapée. Bientôt on commença, dans l'exploitation des forêts, à équarrir le bois, et même à le débiter sur place [3]. Mais pendant longtemps encore tous les ateliers d'une certaine importance eurent pour corollaire obligé un impor-

---

1. *Archives de l'art français; Documents,* tome IV, p. 348.
2. Aujourd'hui quai d'Austerlitz.
3. Voir *Traité complet des bois et des forêts* par Duhamel du Monceau. Cet ouvrage, publié par F. Delatour, au commencement du siècle dernier, ne compte pas moins de huit volumes, et contient des indications très précieuses sur la nature et l'effet du desséchement du bois.

tant approvisionnement de bois sec assorti, de diverses qualités.

« Je sçai parfaitement, écrit Roubo dans son admirable livre, que tous les menuisiers ne peuvent pas avoir de grands chantiers ni de grosses provisions de bois, mais encore pour peu qu'ils ayent d'économie, ils doivent toujours faire leur possible pour en être à peu près échantillonnés, et pour veiller à la conservation du peu qu'ils en ont, afin de ne pas être obligés d'en acheter chez les marchands à mesure qu'ils en ont besoin : parce que le bois que ceux-ci vendent n'est jamais sec, ou parce qu'ils le font payer très cher lorsqu'ils en ont. »

Aujourd'hui le bois, débité par des procédés mécaniques, arrive chez le fabricant de meubles et chez le menuisier en bâtiment, prêt à être mis en œuvre. Seules quelques grandes maisons possèdent une provision suffisante de bois choisi, et débitent celui-ci dans leurs ateliers respectifs. Malheureusement le plus grand nombre est obligé de recourir à l'intervention des négociants en bois, et de prendre livraison de plateaux trop peu secs, qui, le plus souvent, une fois employés, travaillent, jouent, se coffinent et se fendent.

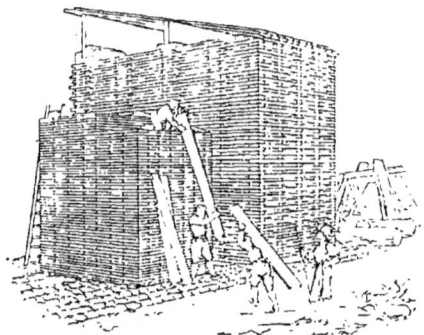

Fig. 12. — Un chantier au XVIIIe siècle.

III

DES DIVERSES CLASSES DE MENUISIERS. — DES MENUISIERS EN BATIMENT ET DE LEURS PRINCIPAUX OUVRAGES.

On divise les menuisiers en deux grandes classes : les menuisiers en bâtiment et les menuisiers en meubles. Les premiers sont chargés de confectionner toutes les boiseries qui garnissent ou décorent intérieurement ou extérieurement les édifices publics et privés. Les portes, les châssis de fenêtres, les lambris, les voussures, les escaliers, les parquets, les plafonds, les rampes et les balustrades rentrent dans leurs attributions. Ils exécutent aussi les chaires à prêcher, les bancs d'œuvre, les lutrins, les stalles, les autels, etc., et tout le matériel destiné au culte.

Jadis l'importance de leur profession était beaucoup plus considérable que de nos jours. A une époque où le clergé disposait d'une partie de la fortune publique, les églises, couvents, chapelles et oratoires, infiniment plus nombreux, renouvelaient leur mobilier d'une façon en quelque sorte périodique, et fournissaient ainsi au menuisier des occasions sans cesse renaissantes d'exercer son savoir et son goût. Les magnifiques spécimens de ces boiseries anciennes qui nous ont été conservés attestent, au surplus, l'ingéniosité et les remarquables talents de ces intelligents artistes. Depuis les stalles du chœur de la cathédrale d'Amiens, décorées par Jean Turpin, jusqu'au banc d'œuvre de Saint-Germain-l'Auxerrois, exécuté par François Mercier d'après les dessins de le Brun ; depuis les stalles de Brou, chef-d'œuvre de Pierre Terrasson, jusqu'à la boiserie du chœur de Notre-Dame, livrée par Louis du Goulon et Marteau, et jusqu'à la chaire de Saint-Roch, achevée par

Sauvage en 1772, nombre de monuments exquis témoignent de l'incomparable habileté de ces vaillants ouvriers d'art.

Aujourd'hui la décoration des sanctuaires est concentrée entre quelques mains, et les ouvrages destinés à couvrir de grandes surfaces, comme les parquets et les escaliers, sont devenus l'apanage de maisons particulièrement organisées pour ce genre de travaux. Le menuisier en bâtiment ne reste plus guère chargé que de l'exécution et de la fourniture des châssis de fenêtres, des portes, des impostes et des lambris. Encore, dans ce domaine limité, son action se trouve-t-elle singulièrement réduite.

Jusqu'à la fin du siècle dernier, en effet, les battants des portes étaient disposés en panneaux savamment dessinés, décorés d'aimables sculptures représentant des trophées ou des groupes d'attributs agréablement variés. Ces portes elles-mêmes étaient surmontées de dessus chantournés avec un goût rare et ornés d'élégants bas-reliefs. Les impostes des hautes fenêtres cintrées étaient également enrichies d'attributs et de guirlandes finement ajourées. Les corniches et les tableaux des croisées, souvent en bois, étaient d'une richesse délicate et noble. Des artistes de premier mérite ne craignaient pas de donner tous leurs soins à ces précieux travaux. Philippe Caffiéri sculptait avec une sorte de raffinement les bâtis et panneaux savamment assemblés par le menuisier Prou, et du Goulon, Charmeton et Vilaine épuisaient leur talent à embellir les lambris des résidences royales. Le Louvre, Fontainebleau, Versailles, montrent encore d'admirables échantillons de ces associations généreuses.

Aujourd'hui, à l'exception de quelques moulures plus ou moins compliquées, les portes ont abdiqué toute décoration, et les appartements, moins élevés, ne comportent plus ni chambranles surmontés de vases ni riches impostes. Il n'est pas jusqu'aux portes cochères qui n'aient renoncé à leur majestueuse parure, et l'on en chercherait vainement, parmi celles datant de ce siècle, qui présentent d'élégants médaillons, comparables à ceux dont Bernard Toro enrichit l'hôtel de Chateaubriand, ou cette majesté décorative qui distingue les portes de l'hôtel de Nansouty à Dijon, de l'Arsenal au Havre, de l'hôtel de Sa-

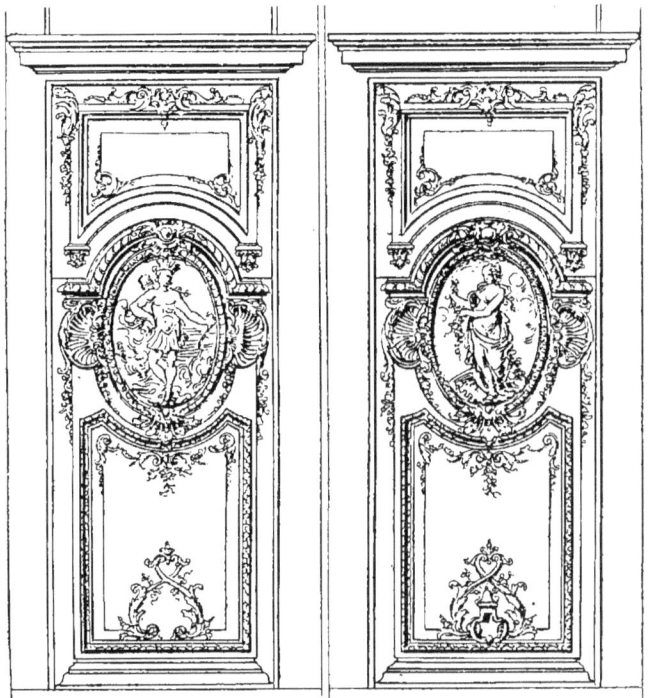

Fig. 13. — Médaillons décorant les portes de l'*hôtel de Chateaubriand*.

muel Bernard, rue du Bac, de l'hôtel Chénisseau et de l'hôtel de Maleissye, rue de Varennes.

Seuls les lambris offrent au menuisier en bâtiment l'occasion de montrer sa science et son goût. Encore, dans la plupart des hôtels et des habitations bourgeoises, ont-ils beaucoup perdu de leur importance et de leur ancienne somptuosité.

IV

DES LAMBRIS.

D'une façon générale, on donne le nom de lambris aux danneaux de menuiserie servant de revêtement intérieur aux murailles de nos appartements. Jadis ce mot avait une signification sensiblement plus étendue. Ainsi que le remarque fort bien Viollet-le-Duc, au moyen âge on désignait sous ce nom toutes sortes de revêtements en planches, quelle que fût du reste la place par eux occupée. « Les charpentes du XIIIe, du XIVe, du XVe siècle, écrit-il, sont souvent, à l'intérieur, garnies de lambris en forme de berceau plein-cintre ou en tiers-point. » Dans les anciens *Comptes* il est, à maintes reprises, fait mention de boiseries de ce genre[1]. Bien mieux, jusqu'à la fin du siècle dernier, le lambrissage des salons comprit l'exécution de coupoles intérieures, de balustrades et de voussures. Les curieuses estampes dont Lucotte et Roubo ont enrichi l'*Encyclopédie*[2] en fourniraient la preuve, s'il était nécessaire. C'est de là, au surplus, que nous est restée l'expression encore en usage « sous des lambris dorés ».

Ces décorations considérables, qui se compliquaient de piédestaux, de pilastres, de colonnes, de chapiteaux, d'entablements, etc., nécessitaient pour leur exécution une science technique de premier ordre. Tout menuisier en bâtiment devait alors se doubler non seulement d'un dessinateur habile, mais aussi d'un mathématicien expérimenté, et

---

[1]. On peut citer notamment un payement emprunté aux *Comptes des ducs de Bourgogne* (année 1398) et qui est ainsi motivé : « Pour avoir lambroissié de neuf le comble de la chapelle. »

[2]. Voir *Planches*, tome VII, pl. III, n°s 3 et 4.

l'*Art du menuisier* de Roubo fils débute par un véritable traité de géométrie[1]. Les planches qui accompagnent ce précieux livre montrent, du reste, à quelles coupes savantes il fallait recourir pour éviter, dans ces travaux difficiles, des pertes de bois trop considérables. Elles attestent, en outre, l'ingéniosité qui présidait aux assemblages chargés d'assurer la solidité de l'ouvrage, et le talent déployé par le sculpteur pour parer dignement ces vastes surfaces de puissantes saillies ou de gracieux bas-reliefs.

Enfin, à cette époque, les chambres à coucher se compliquaient d'alcôves souvent magnifiques; les salles à manger étaient ornées de larges buffets adhérents à la muraille, et dont les lignes majestueuses se reliaient à la décoration de la pièce; les salons de compagnie ou d'assemblée montraient des cheminées monumentales, architecturées de la façon la plus décorative. Tout ce grand luxe de menuiserie, autrefois général, est devenu, depuis un siècle, absolument exceptionnel, et, en dehors des fenêtres et des portes, les menuisiers en bâtiment ne s'occupent plus guère — nous l'avons dit plus haut — que de la confection et de la pose de lambris réduits à leur expression la plus simple.

---

1. « En général, écrit Roubo fils, les menuisiers sont obligés d'apprendre le dessein, chacun relativement à la partie qu'ils embrassent, pour la traiter avec quelque succès. Ceux des bâtimens sur-tout doivent non seulement apprendre le dessein propre à leur art, mais encore l'ornement et l'architecture, tant pour la décoration que pour la distribution, afin d'être plus à portée d'entrer dans les vues de celui qui préside à l'ordonnance totale du bâtiment; la connoissance des élémens de géométrie pratique leur est aussi absolument nécessaire pour les accoutumer à mettre de l'ordre et de l'arrangement dans leurs ouvrages et pour leur faciliter les moyens d'en accélérer la pratique par le secours d'une théorie fondée sur des principes invariables. » (*Art du menuisier*, 1re partie, p. 3.) Roubo lui-même, encore ouvrier, avait été pris en affection par l'illustre Blondel, architecte du roi et professeur à l'Académie, qui, pendant cinq ans, lui donna gratuitement des leçons d'architecture et de géométrie.

On distingue deux sortes de lambris : la première, que l'on appelle *lambris de hauteur*, habille la muraille et la recouvre depuis le parquet jusqu'à la corniche. L'autre, qui règne à partir du sol et enveloppe tout le pourtour de l'appartement, mais qui ne dépasse pas en élévation le tiers ou le quart de la muraille, porte le nom de *lambris d'appui*.

La confection, toujours fort coûteuse, des lambris de hauteur, se légitime par deux raisons de premier ordre : la salubrité et la magnificence. Préservant l'intérieur de l'habitation de toute humidité, ils assainissent les pièces, et, quand ils sont artistement traités, ils constituent une parure d'une richesse peu commune[1]. Les lambris de hauteur, toutefois, n'ont guère de raison d'être que dans le Nord. Sous les climats chauds, leur utilité est même contestable. Non seulement ils ne sont point nécessaires, puisque l'humidité ni le froid ne sont à redouter, mais ils présentent le grave inconvénient de devenir promptement des nids à vermine.

Les lambris de hauteur sont généralement divisés en

1. La plupart des lambris exécutés au moyen âge étaient non seulement sculptés avec art, mais relevés de couleurs éclatantes et de dorures. A l'époque de la Renaissance, on commença de les couvrir de fines peintures, et cette habitude se continua jusqu'au milieu du XVIIe siècle. Héroard raconte dans son *Journal* (tome Ier, p. 128, à la date du 28 avril 1605) que Louis XIII, alors âgé de cinq ans, s'amusait à contempler les lambris de Fontainebleau ornés de guirlandes et d'arabesques. Ceux du cabinet de Sully, à l'Arsenal, ceux du grand cabinet de l'hôtel Lambert, décoré par Lesueur, ceux de l'hôtel Lauzun, appartenant aujourd'hui à M. le baron Pichon, attestent la splendeur de ces décorations. Plus tard, à ces charmants ouvrages Boulle substitua d'admirables marqueteries. On sait qu'il travailla pendant un certain nombre d'années au cabinet du Dauphin à Versailles, que Félibien et Piganiol de la Force s'accordaient à considérer comme un véritable chef-d'œuvre. Ainsi les beaux lambris, grassement sculptés, peints en blanc des Carmes et rehaussés d'or que nous admirons à Versailles, à l'hôtel Soubise (palais des Archives), à l'hôtel de Roquelaure (ministère des travaux publics), etc., ne sont qu'une simplification magnifique des lambris du moyen âge et de la Renaissance, et même de ceux qui furent exécutés durant la première moitié du XVIIe siècle.

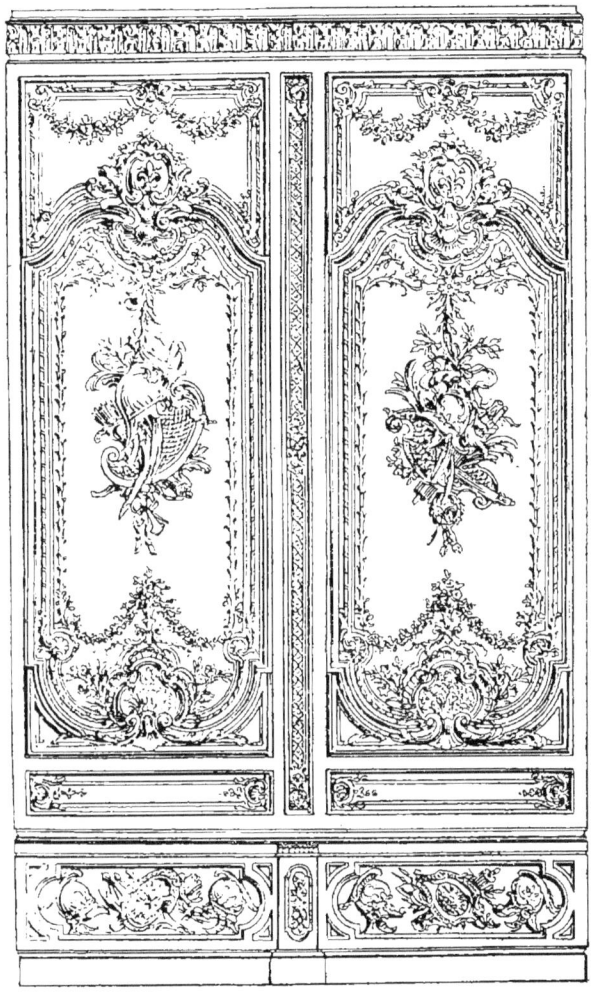

Fig. 14. — Lambris de hauteur du XVIIe siècle.
(PALAIS DE FONTAINEBLEAU.)

deux parties par une cymaise dont la largeur est proportionnée à l'élévation générale de la pièce. Ces cymaises sont, en outre, plus ou moins ouvragées suivant que le lambris est décoré d'une façon plus ou moins somptueuse.

Alors que la partie inférieure du lambris est toujours en menuiserie pleine, la partie supérieure, située au-dessus de la cymaise, — et qui est plus proprement appelée lambris de hauteur, — peut, au contraire, être évidée et se résumer en un cadre de dimensions variables, destiné à recevoir une tapisserie, une tenture d'étoffe, une peinture, etc. Parfois, pour donner plus de magnificence à la décoration, on substitue au cadre unique une succession de compartiments séparés par des colonnes engagées ou par des pilastres. Mais le plus souvent la partie supérieure du lambris est entièrement en boiserie, et consiste en panneaux sculptés, embrevés dans des cadres.

Les dimensions de ces panneaux ne sont point fixées au hasard. Leur nombre, leurs proportions et la disposition qu'ils affectent sont soigneusement réglés par l'architecte chargé de la décoration intérieure de l'appartement. Leur largeur et leur hauteur, ainsi que celles des *champs* formés par les cadres, varient suivant la taille et le caractère de la pièce. Il en est de même pour la richesse et l'importance de leur ornementation. Il convient toutefois de remarquer que, la mission des *champs* étant de constituer un repos pour l'œil, on prend garde de tenir ceux-ci unis dans toute leur longueur, de façon qu'ils forment une heureuse opposition avec les panneaux encadrés, qui, eux, peuvent recevoir les décorations les plus compliquées (voir la note de la page 22).

Ces panneaux, pour peu qu'ils soient d'une certaine étendue, sont toujours formés de plusieurs pièces assemblées à rainure et languette. Au XVIIIe siècle, on avait même soin de les construire avec des planches particulièrement étroites, ne mesurant pas plus de vingt-cinq à trente centimètres de largeur, et l'on agissait sagement. Les planches de petite dimension, en effet, sont beaucoup moins sujettes à se déjeter que les planches d'une certaine étendue, et c'est à cette particularité que nous devons en partie l'étonnante conservation des beaux lambris qui ornent nos palais nationaux. Ajoutons que, pour consolider l'assemblage de ces planches, on les maintenait par derrière, soit à l'aide de traverses nommées *barres à queues,* lesquelles, s'élargissant en queue d'aronde, étaient logées dans une entaille exactement de même forme ménagée dans l'épaisseur du panneau; soit à l'aide de barres de fer très plates, affectant une disposition analogue.

Les *lambris d'appui,* d'allures beaucoup plus modestes que les lambris de hauteur, ont pour mission principale de former une sorte de piédestal à la décoration murale, en même temps qu'ils protègent celle-ci contre le frottement des meubles. Supposons, en effet, que notre muraille soit décorée d'une tapisserie à personnages ou d'une peinture à sujets. Si cette tapisserie descendait jusqu'au parquet, il se produirait ce fait regrettable, qu'une fois les sièges, tables, buffets et autres meubles rangés et mis en la place qu'ils doivent occuper, les personnages, la scène ou le paysage représentés sur la tenture se trouveraient coupés en deux, dissimulés en partie, et cette représentation incomplète ne manquerait pas de produire une impression des plus désagréables. En outre, il deviendrait indispensable de tenir les meubles à une certaine distance du mur, de façon à éviter tout contact avec la tapisserie ou la peinture, qui, sans cela, s'éraillerait rapidement. Or, cet avancement des meubles ne laisserait pas que de gêner la circulation et de diminuer l'étendue de la pièce.

Les lambris d'appui constituant un ornement et une préservation, et leur présence étant imposée à la fois par les convenances et par l'utilité, leur hauteur ne saurait être arbitraire, et la fixation n'en peut être abandonnée à l'aventure. Un beau lambris doit, en effet, répondre avant tout à deux *desiderata*. Chargé de protéger la décoration murale en tenant les meubles à distance, il lui faut se proportionner aux dimensions de ceux-ci, alors que, concourant à l'ornementation de la pièce, il doit se raccorder à sa déco-

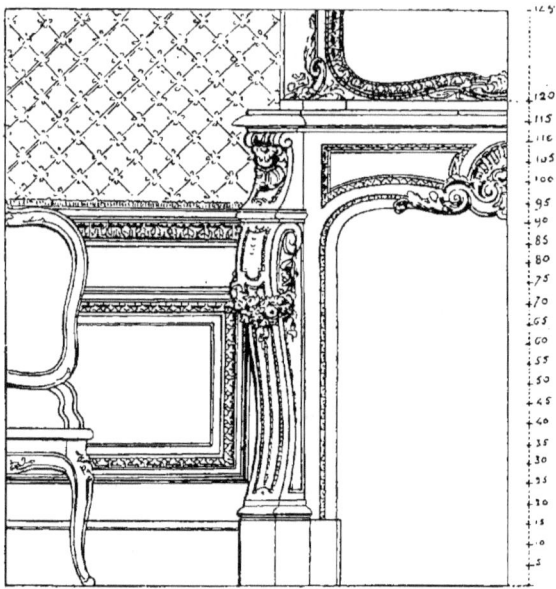

Fig. 15. — Lambris d'appui se raccordant avec la retombée du chambranle.

ration générale. C'est pourquoi les maîtres du xviie siècle recommandaient de régler la hauteur de la cymaise d'après la taille de la tapisserie à laquelle le lambris sert de piédestal, sans perdre de vue cependant l'élévation des sièges, des commodes, des buffets, des consoles et des tables. Ils recommandaient, en outre, — lorsque la tapisserie ne contient pas un sujet irréductible, mais consiste en une étoffe à dessin courant, — de faire concorder cette hauteur avec une des divisions principales des portes et des croisées, et de la raccorder soit avec la tablette supérieure, soit avec la retombée du chambranle de la cheminée. Ajoutons que ces règles, quoique anciennes, n'ont rien perdu de leur opportunité. Quand on les observe avec intelligence, on arrive à produire cette concordance parfaite, cet aplomb,

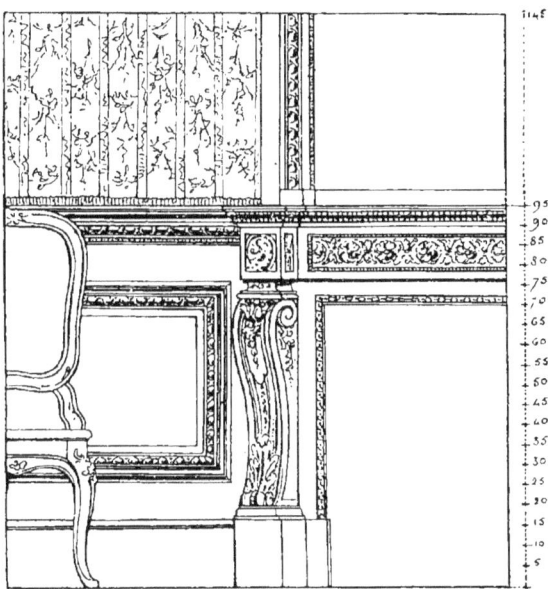

Fig. 16. — Lambris d'appui se raccordant avec la tablette de la cheminée.

cet équilibre des lignes ornementales, qui constituent un des principaux charmes des décorations bien comprises. On peut, du reste, se convaincre, à l'aide d'un exemple puisé dans la vie ordinaire, qu'elles ne présentent aucune difficulté irréalisable, et qu'il suffit, pour s'y conformer, d'un peu d'attention et de soin.

Supposons que nous ayons à garnir d'un lambris d'appui un beau salon mesurant $2^m,90$ sous corniche, c'est-à-dire à peu près 3^m,20 de hauteur. La cheminée, qu'on aura eu soin de proportionner à la taille de la pièce, comptera environ 1^m,20 d'élévation. Sa retombée, placée à 0^m,25 au-dessous de la tablette supérieure, se trouvera, par conséquent, à 0^m,95 du sol (voir fig. 15). Or, cette distance, qui constitue presque le quart de la hauteur totale de notre appartement, concorde assez exactement avec la taille de la plupart des grandes consoles, des guéridons, des buffets appliqués contre la muraille, et avec le cintre des dossiers des chaises, fauteuils et autres meubles meublants. — Voilà donc pour une grande et belle pièce, pour un salon de réception, notre problème facilement résolu. Que le plafond s'élève ou s'abaisse légèrement, la cheminée, elle aussi, variera proportionnellement ; mais ses variations ne seront jamais que d'un tiers ou d'un quart de l'augmentation ou de la diminution subie par la hauteur totale de la pièce, et dès lors, en trichant quelque peu, on pourra toujours s'arranger de façon que le placement de la cymaise s'accorde avec la taille du mobilier. Cet accord sera même rendu facile par ce fait que les principaux meubles doivent, eux aussi, être proportionnés aux dimensions des pièces appelées à les recevoir. L'harmonie qui préside à tout ameublement correct et soigné exige, en effet, qu'on ne loge point des tables énormes, de larges armoires ou de très vastes fauteuils dans des chambres étroites qui en seraient encombrées. De même, il faut se garder de meubler des salles énormes avec de petits sièges, avec des consoles ou des tables mignonnes, qui sembleraient comme perdus dans cette immensité.

Maintenant supposons qu'au lieu d'un grand salon nous ayons à garnir de lambris un boudoir ou un cabinet de travail, mesurant sous plafond 2^m,90. La cheminée, réduite à proportion, ne comptera plus guère que de 0^m,95 à un mètre de hauteur, et notre cymaise large de 0^m,10, venant affleurer la tablette supérieure, se trouvera répondre encore assez exactement à l'élévation de nos principaux meubles (voir fig. 16).

De nos jours, il arrive fréquemment que dans certaines pièces, les antichambres et les salles à manger notamment, les décorateurs rompent brusquement avec ces règles si raisonnables. Renversant complètement les proportions, ils donnent à leurs lambris jusqu'à 1^m,75 et même deux mètres de hauteur, de façon que la tenture n'occupe plus que 0^m,80 ou un mètre sous corniche. Cette dérogation peut, à la rigueur, s'expliquer par le désir de protéger spécialement cette tenture contre les inconvénients d'une circulation plus fréquente, ou encore par le besoin de raccorder le lambris avec les dimensions de la cheminée, dont on croit, sans raison plausible, devoir en ces sortes de pièces augmenter singulièrement le volume. Elle n'en est pas moins regrettable et produit rarement un heureux effet.

On nous pardonnera d'insister autant sur ces questions, dont l'étude, aujourd'hui, est beaucoup trop négligée. Quoi qu'on en pense, les lambris jouent dans la bonne ordonnance de l'ameublement un rôle considérable. Tout se tient, en effet, dans la décoration intérieure de nos appartements, et le menuisier en bâtiment ne devrait en aucun cas se désintéresser de la taille et du style des meubles destinés à garnir la pièce qu'il décore. De même, le menuisier en siège devrait toujours s'informer avec soin de la disposition des boiseries contre lesquelles ses chaises et ses fauteuils viendront s'appuyer. Jadis on poussait le besoin d'unité et de concordance jusqu'à faire épouser aux lambris la forme des meubles principaux. De là naissaient ce parfait accord du mobilier avec la décoration murale, et cette harmonie des lignes qui nous charment au plus haut point. De nos jours, par dédain ou ignorance de ces règles si sages, par indifférence et surtout par suite de l'incertitude de nos installations, la négligence et l'oubli de toutes convenances sont tels qu'on établit le plus souvent les lambris au hasard, et sans se préoccuper ni de la taille des meubles ni de la dimension des tentures. On va même plus loin. Dans la plupart des maisons de rapport, on se borne à simuler des lambris d'appui, en clouant des baguettes sur le nu de la muraille. C'est là une supercherie condamnable à tous égards. Ou la tenture mérite d'être protégée, et dans ce cas le lambris est nécessaire, ou elle en est indigne, et dès lors on peut, sans inconvénient, la faire descendre jusqu'au parquet.

Ces raisons, dictées par le bon sens et par la pratique, suffiront, nous l'espérons, à convaincre nos lecteurs que, dans la décoration de toute pièce de réception, la présence de lambris d'appui est au moins opportune. Nous ferons mieux encore : nous recommanderons pour toutes les habitations de luxe l'usage des lambris de hauteur. Leur installation est, il est vrai, coûteuse, mais les avantages qu'ils présentent compensent largement le surcroît de dépenses qu'ils occasionnent. Si on les garnit de panneaux sculptés avec goût ou même soigneusement moulurés, ils constituent une décoration noble, riche et en quelque sorte éternelle. Si, au contraire, on ne les fait consister qu'en un bâti solidement assemblé et formant cadre, ils offrent cette commodité que les tentures, — étoffes, tapisseries, peintures ou papier, — n'étant plus collées ou clouées directement sur le mur, mais montées sur un léger châssis, peuvent être désormais mises en place, déposées, retirées et remplacées, sans qu'on soit obligé de toucher à la décoration générale de la pièce et de la refaire en partie. De cette façon, on peut renouveler ses tentures au changement de saison, varier ainsi la physionomie de son appartement, avoir à peu de frais un mobilier d'été et un mobilier d'hiver, ménager les tissus de prix qu'on emploie à tendre les pièces de réception, et, en cas de longue absence, de déplacement, de voyage, les détendre et les préserver des causes de destruction si nombreuses

En outre, la muraille ainsi décorée cesse d'offrir une surface plate, unie, monotone. Pour peu que le bâti s'accuse par une légère saillie et que les moulures des cadres comportent quelques profils agréables, on a sous les yeux une paroi mouvementée qui s'agrémente de jeux de lumière, et la tenture ainsi présentée prend une valeur, une beauté, un accent qu'elle ne saurait avoir sur un mur plat.

Après avoir démontré combien les lambris — quand on a soin d'apporter un peu d'étude et de goût dans leur installation — peuvent heureusement concourir à la décoration de nos appartements, nous allons décrire aussi brièvement que possible les opérations techniques auxquelles donnent lieu leur fabrication et leur ornementation raisonnée.

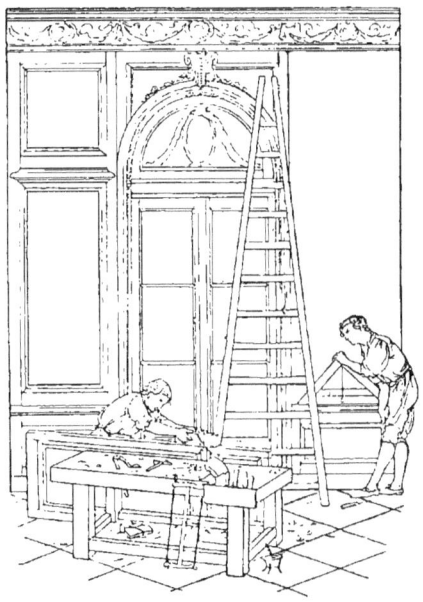

Fig. 17. — Menuisiers posant un lambris de hauteur.

V

DES ASSEMBLAGES.

Nous avons dit que les lambris sont obtenus par la réunion d'un certain nombre de pièces de bois. L'action de réunir ces diverses pièces s'appelle *assembler;* le résultat de cette action, *assemblage*. C'est de la bonne exécution des assemblages que dépendent la solidité ainsi que la propreté non seulement des lambris, mais de la plupart des ouvrages que confectionne le menuisier. Nous parlerons donc ici des assemblages d'une façon générale, et ce que nous en dirons pourra s'appliquer aussi bien à la fabrication des meubles qu'à celle des lambris.

Le rôle considérable que cette opération joue dans leurs travaux a porté de tout temps les menuisiers à rechercher les combinaisons qui leur offraient à la fois le plus de solidité et d'élégance; et comme leur intelligence toujours en éveil ne laissait pas que d'être féconde, il en est résulté qu'on a découvert et mis en pratique une foule de manières d'assembler le bois. On compte, en effet, plus de quarante sortes d'assemblages, les unes assez grossières, les autres extrêmement raffinées, quelques-unes très ingénieuses, savantes même, d'autres qui sont coûteuses et médiocrement pratiques. Nous ne passerons en revue que les principales. Celles-ci sont au nombre de dix ou douze et peuvent se diviser en deux classes :

1° Les assemblages qui ont pour but de réunir deux pièces de bois à leurs extrémités et de former des bâtis ;

2° Ceux qui ont pour objet de faire adhérer deux planches sur leur longueur.

La première classe comprend : 1° l'assemblage carré à

moitié bois ; 2° l'assemblage carré à tenon et mortaise ; 3° l'assemblage par enfourchement ; 4° l'assemblage à tourillons ; 5° l'assemblage à boucment ; 6° l'assemblage en anglet ; 7° l'assemblage en enture ; 8° l'assemblage à queue d'aronde et à queue perdue.

Dans la deuxième classe on range : 1° l'assemblage à clefs ; 2° l'assemblage à rainure et languette, etc.

L'Assemblage carré a moitié bois est des plus primitifs. Il consiste à entailler par les bouts A et B (fig. 18) et à

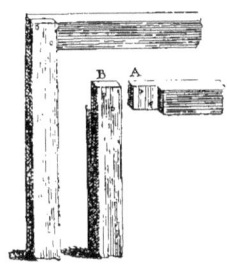

Fig. 18. — Assemblage carré à moitié bois.

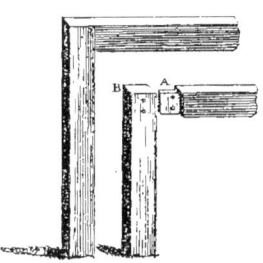

Fig. 19. — Assemblage à tenon et mortaise.

la moitié de leur épaisseur les deux pièces de bois que l'on veut joindre ensemble ; à les réunir et à les retenir à l'aide de chevilles, après adjonction de colle forte, opération qu'on appelle « coller et cheviller ».

L'Assemblage a tenon et mortaise, plus savant et plus solide, est, par cela même, beaucoup plus usité. On l'exécute en introduisant un tenon, c'est-à-dire une saillie de forme rectangulaire ménagée à l'extrémité d'une pièce de bois, dans une cavité exactement de même dimension, à laquelle on donne le nom de mortaise, et qui a été préalablement pratiquée sur le côté de l'autre pièce avec laquelle on désire assembler la première (voir fig. 19). Une fois le tenon entré dans sa mortaise, on cheville sans coller. Si l'ouvrage est bien dressé, et si le tenon et la mortaise coïncident avec toute la précision désirable, les chevilles suffisent, en effet, à les tenir solidement. L'absence de colle offre même cet avantage que, lorsqu'on veut démonter l'assemblage, il suffit simplement de chasser les chevilles, pour que les deux pièces puissent être séparées de nouveau.

Nous avons dit que cet assemblage était savant. Tout, dans sa confection, doit en effet être exactement réglé. Ainsi l'on a soin de tenir le tenon toujours un peu plus épais que le tiers de la largeur du bois, de façon à établir

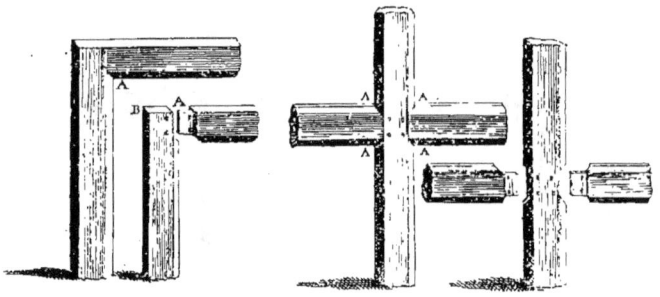

Fig. 20. — Assemblage à bouement simple. Fig. 21. — Assemblage à bouement double.

une juste proportion entre la résistance qu'il fournit et celle offerte par les joues de la mortaise. Le tenon, en outre, ne doit pas traverser de part en part la pièce de bois adverse, mais venir buter contre un *épaulement* qui rend l'assemblage à la fois plus solide et plus propre. Lorsque le tenon occupe toute la largeur de la pièce et que la mortaise prend l'aspect d'une sorte de fourche, on donne à l'assemblage un autre nom : il est dit PAR ENFOURCHEMENT (fig. 22).

Souvent l'assemblage à tenon et mortaise est destiné à former un cadre. Dans ce cas, les pièces de bois qui le composent portent généralement une moulure en bordure intérieure de leur parement. Pour la propreté de l'ouvrage, on coupe cette moulure suivant un angle de 45 de-

grés, et l'assemblage prend un nouveau nom : celui d'Assemblage a bouement (fig. 20).

Quand les moulures se profilent des deux côtés du bâti comme cela se voit dans les châssis de fenêtres, l'assemblage est dit a bouement double (fig. 21).

L'Assemblage a tourillons est une variété dégénérée de l'assemblage à tenon et mortaise. Il consiste à substituer au tenon pris dans la masse du bois, une forte cheville ronde rapportée. Il est employé le plus souvent par

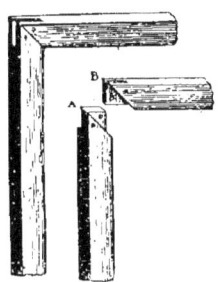

Fig. 22. — Assemblage par enfourchement.

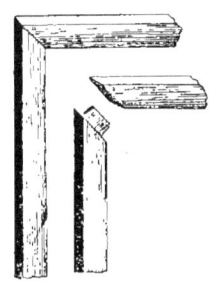

Fig. 23. — Assemblage en anglet.

économie et quelquefois par nécessité, par exemple pour unir les parties cintrées dans les dossiers de fauteuils et de chaises.

L'Assemblage en anglet ou onglet est aussi une variété de l'assemblage à tenon et mortaise, mais une variété compliquée, qui comporte des coupes délicates. Il est long et difficile à bien faire, avec cela moins solide, et par conséquent exclusivement employé dans les travaux de luxe. Il consiste à assembler à tenon et mortaise deux pièces de bois dont l'extrémité est taillée d'après un angle de 45 degrés (fig. 23). C'est ce qu'on appelait autrefois *assembler à bois de fil*. Au siècle dernier, où l'on cherchait à introduire dans l'exécution de la belle menuiserie tous les raffinements imaginables, on confectionna des assemblages de ce genre à double mortaise ou à mortaise et enfourchement. De nos jours, pour donner plus de solidité à l'ouvrage, on assemble carrément et par enfourchement les deux pièces comme il est dit ci-dessus, après avoir eu soin de tailler préalablement en anglet leur parement intérieur (voir fig. 22).

Lorsqu'une pièce de bois est trop courte et qu'on éprouve le besoin de la rallonger, — cela arrive souvent, notamment dans la confection des pieds de derrière des fauteuils de style Louis XIII, — alors on pratique une sorte d'enfour-

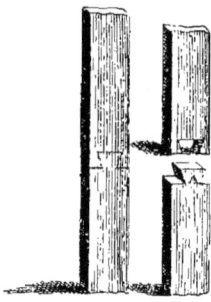 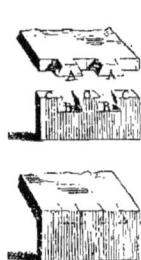 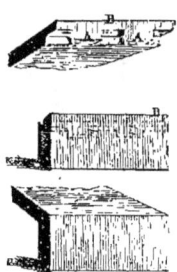

Fig. 24. — Assemblage en queue d'aronde bout à bout.   Fig. 25. — Assemblage de côté en queue d'aronde.   Fig. 26. — Assemblage en queue perdue.

chement qui permet aux deux pièces de tenir bout à bout. Cet assemblage est dit EN ENTURE [1].

L'ASSEMBLAGE EN QUEUE D'ARONDE tient à la fois de l'enture et de l'assemblage à tenon et mortaise. Il diffère toutefois des précédents en ce que le tenon va en s'élargissant à son extrémité, de manière à rappeler plus ou moins exactement la forme d'une queue d'hirondelle (d'où son nom). Ce tenon s'engage dans une mortaise de même calibre, qui traverse toute l'épaisseur du bois. Cet assemblage peut, à la rigueur, et comme l'enture, être employé pour réunir deux

---

[1]. Certains menuisiers disent *en entage*, mais cette façon de parler, quoique admise dans l'usage, n'est point correcte.

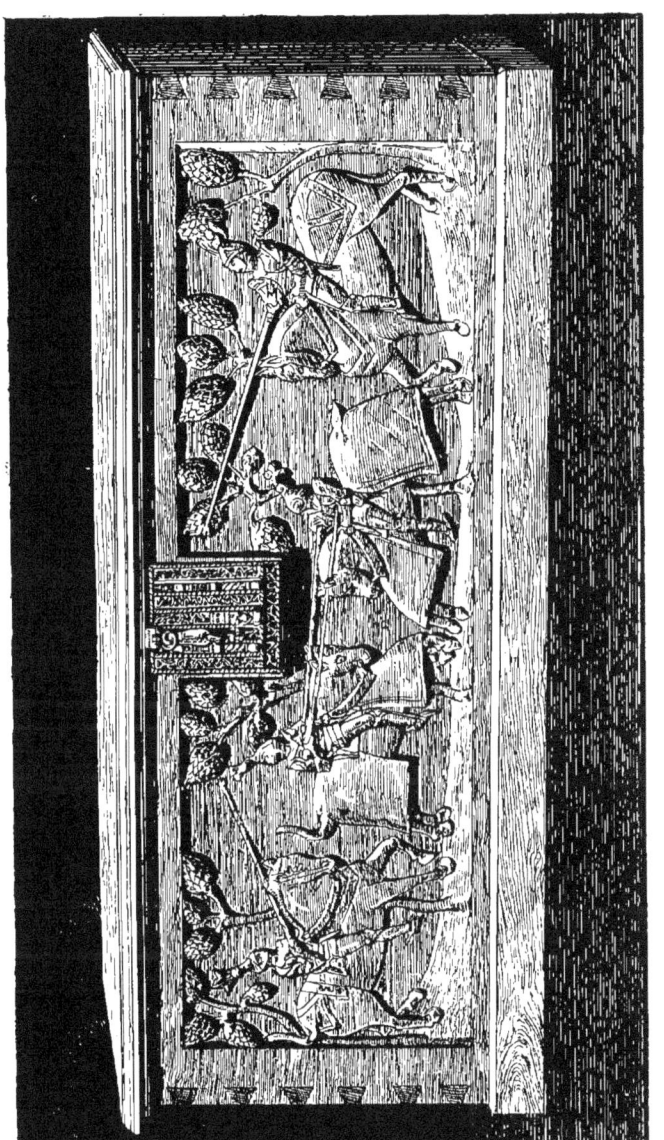

Fig. 27. — Grand coffre du xve siècle, à parois assemblées en queue d'aronde. (MUSÉE DE CLUNY.)

pièces bout à bout (voir fig. 24); mais comme il n'est pas des plus solides, parce que le bois du tenon, se trouvant coupé transversalement, offre peu de résistance, on le réserve plus particulièrement pour assembler les planches se joignant à angle droit. Usité jadis pour les coffres et huches (voir fig. 27), on ne s'en sert plus guère aujourd'hui que pour les tiroirs.

Ce genre d'assemblage comporte une variété savante qu'on nomme EN QUEUE PERDUE, parce que les tenons se trouvent cachés et comme perdus dans l'épaisseur du bois,

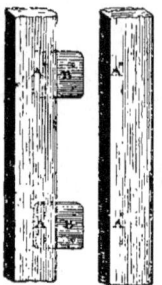 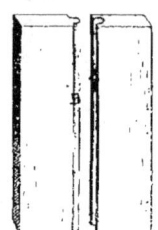

Fig. 28. — Assemblage à clefs.   Fig. 29. — Assemblage à rainure et languette.

étant recouverts par un joint en anglet qui, dissimulant le travail, rend cet ajustement particulièrement agréable à l'œil.

L'ASSEMBLAGE A CLEFS, dont on se sert parfois pour assembler bout à bout les pièces cintrées, a surtout pour objet de réunir deux pièces de bois ou deux planches sur leur longueur. Il s'exécute au moyen d'une succession de doubles mortaises dans lesquelles viennent s'engager une série de clefs remplissant le rôle de tenons (fig. 28).

De la même sorte est l'ASSEMBLAGE A RAINURE ET LANGUETTE, qui, pratiqué sur toute la longueur de deux planches, sert à joindre les plateaux composant les panneaux d'une porte, d'un lambris, etc. (fig. 29).

LA MENUISERIE 39

Enfin il convient de citer encore l'ASSEMBLAGE EN EMBOÎTURE, dont la mission est de maintenir à leurs extrémités les planches destinées à former un lambris de hauteur. Il se compose d'une traverse de bois dans laquelle vient s'emboîter une languette munie de clefs solidement chevillées qui, elles-mêmes, s'engagent dans des mortaises creusées à cet effet dans la traverse.

C'est, nous l'avons dit, de la bonne exécution des assemblages que dépendent en grande partie la solidité et la durée des travaux du menuisier. Les moulures, qui sont le principal ornement des lambris, concourent aussi dans une large mesure au bon aspect de ses autres ouvrages. C'est d'elles qu'il va être question dans le chapitre suivant.

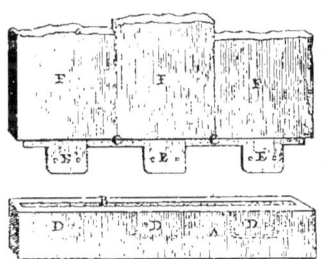

Fig. 30. — Assemblage en emboîture.

VI

DES MOULURES.

Les moulures, auxquelles, en termes techniques et d'une façon générale, on donne le nom de *profils,* jouent dans presque tous les arts de l'ameublement un rôle considérable. En architecture on les a comparées à une sorte d'alphabet qui permet non seulement de caractériser les styles, mais les différentes évolutions de ces styles[1]. En menuiserie, leur signification n'est pas moindre. Il est, en outre, plus facile de les varier et de les approprier à la nature et au caractère de l'ouvrage qu'on exécute. Le bois étant d'un grain particulièrement liant et fin, d'une contexture souple, les profils qu'on taille dans cette matière peuvent prendre plus d'accent, offrir des contours plus ressentis, se prêter à des combinaisons plus nombreuses, que les moulures sculptées dans la pierre ou le marbre.

Le principe des moulures est assez simple. Elles se divisent en trois classes : 1° les moulures plates ; 2° les moulures curvilignes ; 3° les moulures mixtes ou composées, c'est-à-dire formées par la réunion de moulures plates associées à des moulures curvilignes.

Les principales moulures plates sont : 1° le *filet* ou *listel,* qui est de forme carrée, et 2° le *bandeau* ou *plate-bande,* également rectangulaire, mais qui présente toujours plus de largeur que de saillie.

---

[1]. Roubo, avec beaucoup de raison, les compare « aux lettres dont on se sert dans l'écriture, lesquelles, par la combinaison de différents caractères, forment une infinité de mots selon la diversité des langues ». (*Art du menuisier*, tome Ier, p. 40.) L'illustre architecte Daviler emploie presque les mêmes expressions pour caractériser le rôle des moulures.

LA MENUISERIE

Les principales moulures curvilignes sont : 1° le *quart de rond* ou *échine ;* 2° le *cavet ;* 3° le *talon ;* 4° la *doucine ;* 5° la *baguette ;* 6° l'*ove ;* 7° le *tore ;* 8° le *bec-de-corbin,* etc.

C'est par l'association de ces divers profils et en variant avec art leurs proportions qu'on arrive à composer ces

MOULURES PLATES

Fig. 31. — Filet ou listel.   Fig. 32. — Bandeau ou plate-bande.

beaux encadrements qui sont l'ornement de tant de riches lambris et de tant de meubles magnifiques. Ajoutons qu'il n'est pas de menuisiers soigneux qui n'apportent une attention soutenue à la bonne exécution des moulures. Non seulement ils les associent et en combinent les effets avec

MOULURES CURVILIGNES

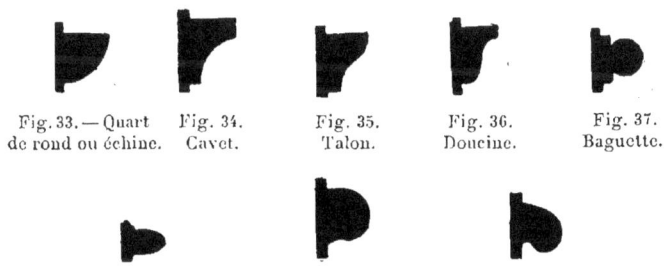

Fig. 33. — Quart de rond ou échine.   Fig. 34. Cavet.   Fig. 35. Talon.   Fig. 36. Doucine.   Fig. 37. Baguette.

Fig. 38. — Ove.   Fig. 39. — Tore.   Fig. 40. — Bec-de-corbin.

réflexion et méthode, mais suivant qu'elles doivent être dorées, peintes à la détrempe, peintes à l'huile ou simplement cirées, ils donnent à leurs contours une saillie plus ou moins accentuée. Doivent-elles être dorées, on prend garde de tenir les baguettes plus minces et les dégagements plus forts. Les doit-on peindre, on atténue encore les saillies et on accentue les creux. Et ces précautions sont indispensables : les moulures, s'empâtant davantage à chaque couche nouvelle qu'elles reçoivent, finiraient, si l'on n'y prenait garde, par n'avoir plus ni modelé ni accent.

En outre, il ne faut pas manquer de tenir compte de la distance à laquelle l'ouvrage que l'on décore sera considéré. Il est clair que les profils chargés d'orner un objet destiné, par sa nature même, à se trouver à la portée de la main, doivent être plus finement achevés que ceux appelés à prendre place sur une muraille située à deux ou trois mètres. Il est nécessairee que ces derniers soient plus grassement exécutés, de façon à ne pas paraître secs et mesquins.

Jadis toutes les moulures étaient *poussées* à la main sur une espèce d'établi spécial appelé *banc à profiler*. Aujourd'hui il en est encore ainsi pour quelques moulures compliquées destinées au bâtiment, et pour celles qui ornent les sièges cintrés dits de style Louis XV, où le profil ne suit pas exactement le contour du bâti. Parfois même, dans ces dernières sortes d'ouvrages, les arêtes sont avivées au burin. Mais pour la plupart des autres meubles les moulures sont obtenues à l'aide d'une machine-outil mue par la vapeur et animée d'une vitesse considérable, qu'on nomme *toupie*, et l'on n'exécute plus guère à la main que les raccords.

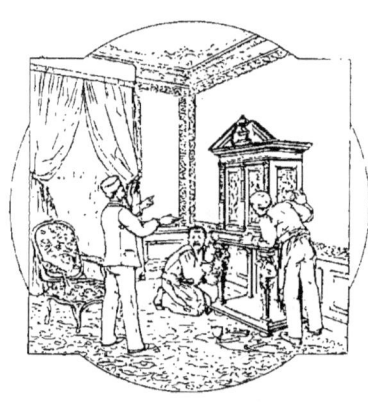

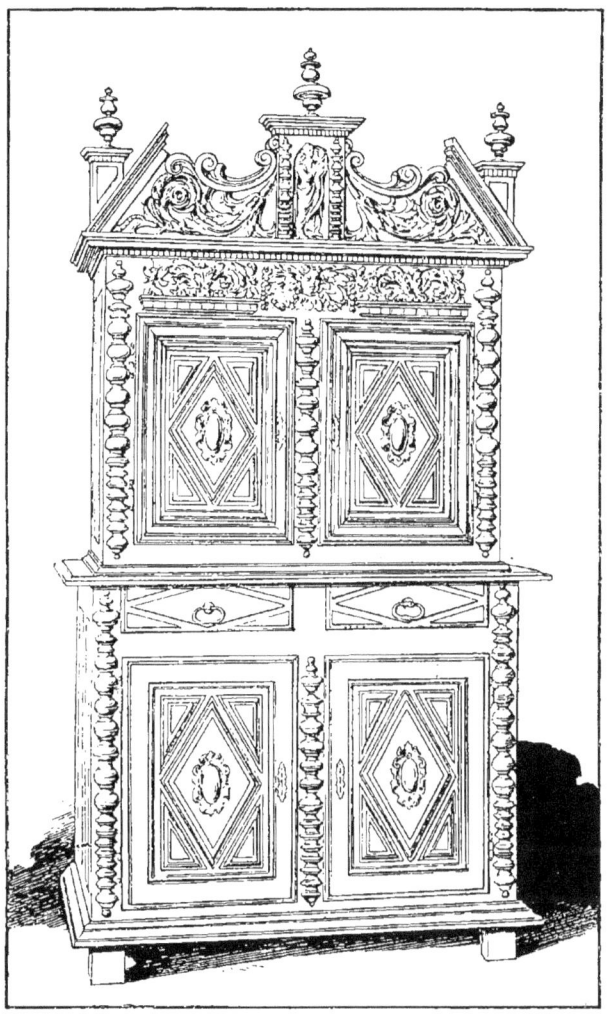

Fig. 42. — Meuble en noyer (XVIIe siècle) décoré de moulures.
(CHATEAU DE PAU.)

VII

LE MENUISIER EN MEUBLES. — LES MEUBLES A BATIS ET A PANNEAUX.

Après avoir décrit aussi brièvement que possible les principaux ouvrages du menuisier en bâtiment, nous nous occuperons des travaux extrêmement variés exécutés par ceux de leurs confrères chargés de garnir notre habitation de tous les meubles qui nous sont plus ou moins nécessaires. Le meuble, du reste, par la conformité de la matière employée et par les analogies nombreuses que sa fabrication présente, se rattache essentiellement comme main-d'œuvre à la confection des boiseries d'appartement; en sorte que les différentes opérations expliquées ou décrites dans les chapitres précédents nous permettront de comprendre, sans trop de difficulté, les applications diverses que nous allons passer en revue.

On divise les meubles en deux grandes classes : 1° les *meubles à bâtis,* qui comprennent les sièges, les lits, les écrans, les tables, etc.; 2° les *meubles à bâtis et à panneaux,* qui englobent les diverses espèces d'armoires, de buffets, de coffres, de cabinets, de commodes, de bibliothèques, de secrétaires, etc.

Cette seconde classe de meubles est celle qui, au point de vue de la structure générale, se rapproche le plus du lambris. Comme lui, elle peut, à la rigueur, se résumer dans la construction d'une série de cadres et dans leur panneautage, avec cette différence, toutefois, que le lambris ne présente que deux dimensions, la hauteur et la largeur, alors que la moindre armoire en compte une de plus, la profondeur, qualité constitutive de tous les meubles de ce genre, et qui vient compliquer singulièrement leur fabrica-

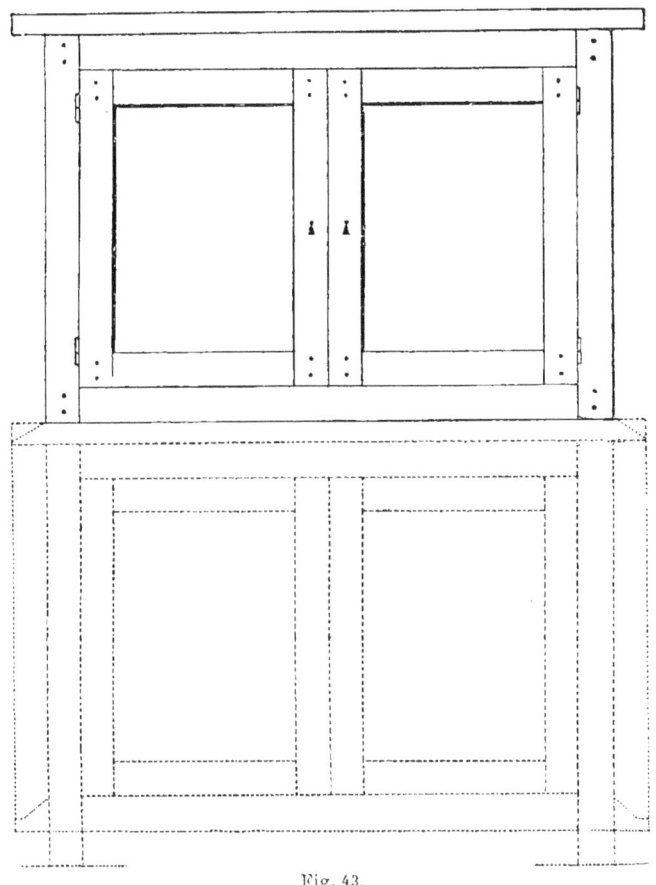

Fig. 43.

tion. Elle oblige, en effet, l'artisan à édifier six surfaces au lieu d'une, et, en outre, à assembler ces diverses surfaces de façon que, réunies, elles forment une enveloppe solide, protégeant de six côtés différents la cavité qu'on se propose d'utiliser.

Le but modeste que nous poursuivons aussi bien que les limites imposées à notre travail, ne nous permettent pas d'analyser successivement la structure de tous les meubles à bâtis et à panneaux, extrêmement nombreux et variés, qui sont actuellement en usage. Ainsi que le remarque fort bien un écrivain du siècle dernier[1], non seulement on possède une diversité considérable de chacun de ces meubles, mais leur nombre s'accroît presque chaque jour, soit à raison des besoins nouveaux qui se manifestent, soit par suite de l'inconstance de nos goûts ou des caprices de la mode, que les fabricants ont le plus grand intérêt à satisfaire.

Pour plus de clarté et de simplicité, et en nous appuyant sur ce principe admis par les hommes les plus compétents, que la construction de tous ces meubles « est toujours à peu près la même, du moins pour chaque espèce », nous prendrons sur nous de ramener leurs formes variées au type primordial d'où elles dérivent toutes plus ou moins directement, persuadé que le lecteur saura ensuite appliquer à chaque classe de ces ouvrages l'ensemble des règles que nous allons exposer, et se livrer à toutes les déductions que comporte chaque application particulière.

Ce meuble primordial et qui peut servir de type à tous les meubles à bâtis et à panneaux, c'est le coffre. Dans le résumé historique qui fait suite à cette monographie, nous indiquons le rôle considérable que le coffre a joué dans le mobilier de nos ancêtres. Ici nous nous bornerons à rappeler ses transformations successives. Nous constaterons que, placé sur un autre coffre de dimensions un peu plus vastes et changeant son mode de fermeture, — c'est-à-dire substituant un abattant ou deux portes à son couvercle primitif (voir fig. 43), — il forma, naturellement et presque sans effort, le meuble appelé tour à tour buffet, secrétaire, ar-

---

1. Roubo fils, *Art du menuisier*, tome III, p. 600.

moire à deux corps. Prolongeant ses quatre pieds de cinquante à soixante centimètres et subissant, quant à sa fer-

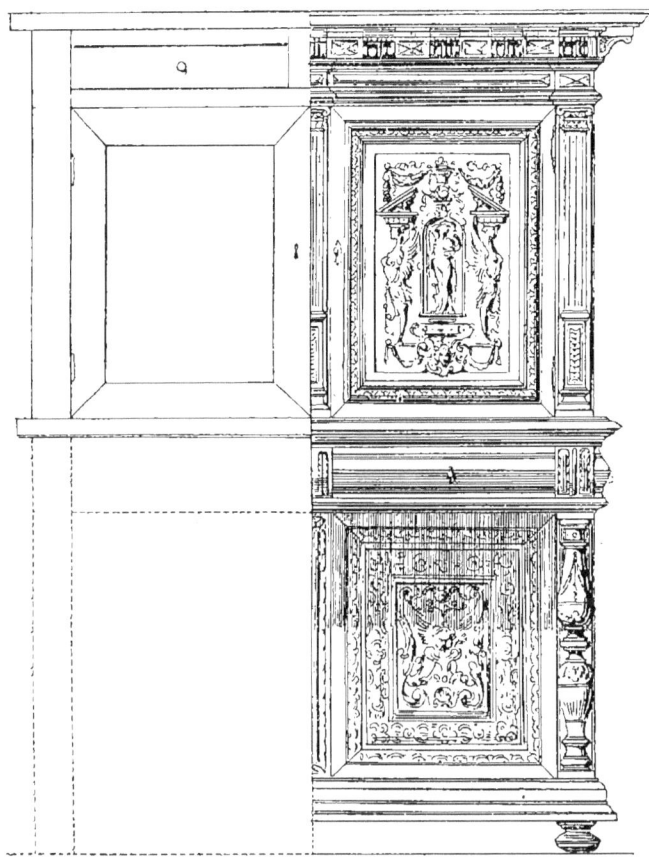

Fig. 44.

meture, les mêmes modifications, il devint le cabinet, la petite armoire, le bonheur du jour, et enfin ce meuble gracieux que nous nommons aujourd'hui, assez improprement, crédence (fig. 44).

Gratifié de petits pieds et de portes à deux battants, il prit le nom de bas d'armoire. Muni de tiroirs nombreux, il constitua la commode. Enfin, renversé sur le côté et faisant évoluer son couvercle en guise de porte, il fournit encore le modèle d'une armoire à l'état embryonnaire (voir fig. 45). En étudiant la construction de cet ancêtre de notre

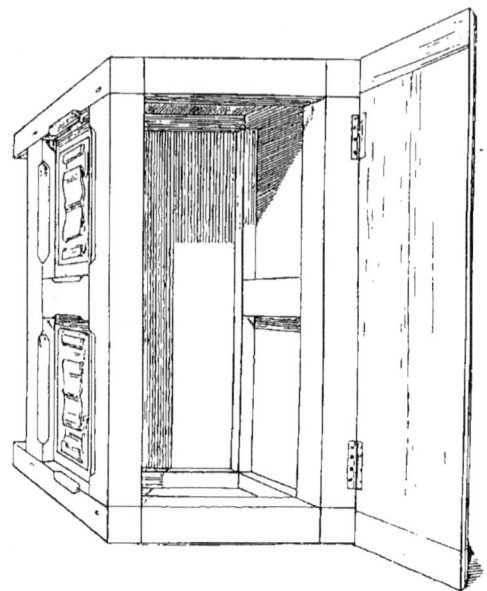

Fig. 45. — Coffre renversé, prototype de l'armoire à un vantail.

mobilier, nous allons donc, du coup, étudier la construction de presque tous les meubles à bâtis et à panneaux actuellement en usage.

La première condition que l'on doit exiger de ces divers meubles, c'est que leurs parois soient en état de supporter la pression intérieure ou extérieure qu'elles sont appelées à subir. Aussi est-il indispensable qu'elles soient reliées entre elles par une charpente ou, pour parler plus exactement, par une ossature soigneusement établie et assez résistante pour qu'on puisse emplir, charger et vider au besoin ces sortes de meubles, sans que leurs surfaces cessent d'être exactement unies les unes aux autres.

Cette robuste ossature consiste, pour le coffre et pour tous les meubles qui en dérivent, en un bâti formé de quatre montants et huit traverses solidement assemblés. Ce bâti doit supporter tout l'effort intérieur et extérieur,

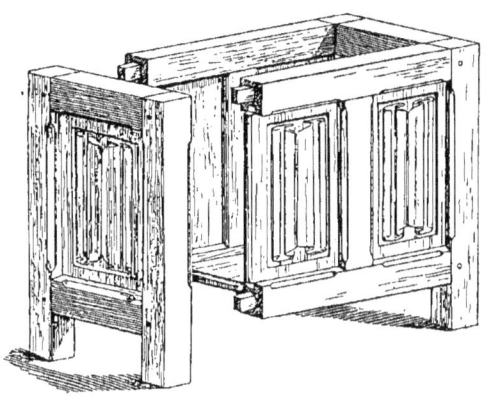

Fig. 46. — Charpente ou ossature du coffre.

en ne laissant aux panneaux qu'un rôle de remplissage, de telle façon qu'on puisse enlever tous ces panneaux sans que la charpente générale soit ébranlée.

C'est au moyen d'assemblages analogues à ceux que nous avons précédemment décrits, et surtout à l'aide des assemblages à tenon et mortaise ou de ceux à enfourchement et en anglet, que l'on relie entre eux les montants et les traverses formant cette charpente logique, — après avoir eu soin, toutefois, de ménager dans chacune de ces pièces de bois une feuillure plus ou moins profonde, dans laquelle la languette qui borde le panneau vient *s'embrever,* et en outre de *rainer* les traverses du haut et du bas, pour qu'elles puissent recevoir les fonds ou planchers.

Des Armoires. — Le coffre, — meuble primordial, qui joua, nous l'avons dit, un rôle si considérable dans l'économie domestique de nos ancêtres, et qui, pendant toute une suite de siècles, leur servit à toutes sortes d'usages, — le coffre est presque délaissé aujourd'hui. On ne l'admet plus guère que dans les antichambres. Pour la garde du linge et des effets précieux, l'armoire l'a remplacé. C'est, comme dimensions, le plus considérable des meubles fermants, car on en a fait au siècle dernier qui mesuraient jusqu'à $2^m,50$ et même 3 mètres de haut, sur $1^m,50$ à 2 mètres de large, avec $0^m,50$ ou $0^m,60$ de profondeur.

Toute armoire se compose ordinairement d'une ou deux portes évoluant dans un chambranle, d'une corniche ou chapeau, de deux côtés, d'un derrière, de deux fonds, l'un servant de plancher et l'autre de plafond, et quelquefois de tiroirs apparents placés dans le bas du meuble et formant comme une sorte de piédestal à sa façade (voir fig. 47).

Les armoires se font généralement en chêne ou en noyer. Ce dernier bois est celui qui convient le mieux aux meubles qu'on appelle *parants,* parce qu'ils concourent à la décoration du logis. Le chêne entre aussi dans la composition de ces meubles, mais seulement pour les fonds, le derrière, les tiroirs, etc., c'est-à-dire pour les parties peu visibles, parce que ce bois, quelque beau qu'il soit, ne prend jamais le poli aussi bien que le hêtre ou le noyer[1].

Comme les armoires sont destinées à subir des déplacements, et que leur taille les rend peu maniables, on les construit de façon qu'elles puissent se démonter facilement, ce qui se fait de la manière suivante : on prépare séparé-

---

1. Le hêtre toutefois ne convient pas pour ces vastes ouvrages, car, converti en panneaux un peu larges, si sec qu'il soit, il se tourmente toujours.

ment les différentes pièces de la membrure, puis on construit les côtés et on assemble ceux-ci avec les traverses

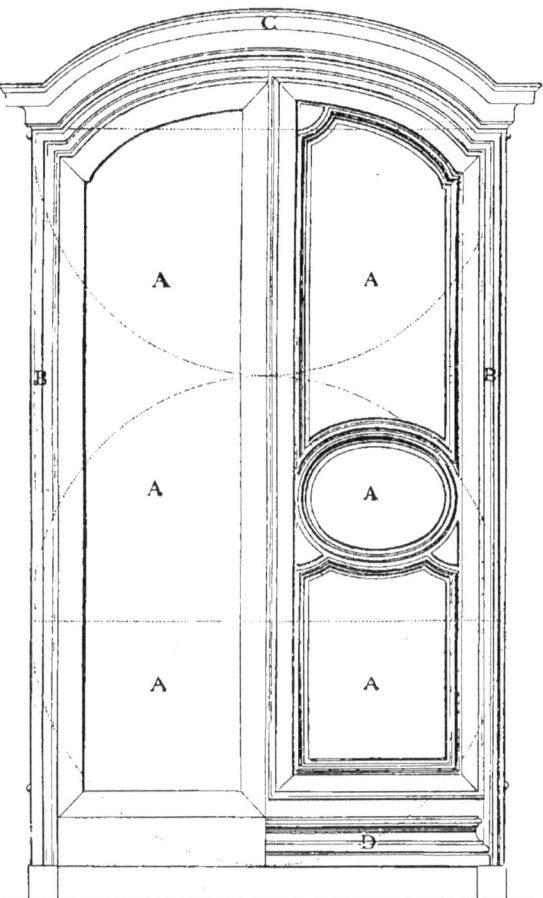

Fig. 47. — Armoire. — A, A, portes. — B, chambranle. — C, chapeau. D, tiroir.

supérieures et inférieures du chambranle et du fond, à l'aide de vis de rappel et d'écrous. De cette façon, on peut monter et démonter le meuble à volonté. Restent les portes et la corniche, qui, construits également à part, se fixent en dernier lieu. La corniche est le plus couramment assemblée à rainure et languette au reste de l'ouvrage.

Les armoires sont garnies à l'intérieur de tablettes et de tiroirs. Ces derniers, disposés à peu près à mi-hauteur, sont enfermés dans un caisson. Les tablettes sont portées ordinairement par des tasseaux mobiles s'emboîtant dans une double crémaillère. On les façonne en chêne, parfois en bois blanc simplement *alaisé,* c'est-à-dire bordé en parement d'une baguette de bois plus précieux; mais toujours elles sont pleines. Autrefois on les confectionnait souvent à claire-voie, ce qui facilitait la circulation de l'air et empêchait le linge et les effets de prendre de l'odeur. On montait égalemement ces tablettes sur des coulisseaux assemblés dans les côtés de l'armoire, et qui permettaient de les tirer à soi. Enfin, dans quelques-unes on supprimait les tablettes pour les remplacer par des porte-manteaux courant sur une tringle. Ces dernières armoires portaient plus spécialement le nom de garde-robes.

L'armoire que nous venons de décrire, et qui pourrait prétendre au titre d'armoire classique, n'est plus guère en usage aujourd'hui. Nos pièces, désormais trop étroites, s'accommoderaient mal de la présence de pareils géants. Aussi, pour leur faciliter l'entrée de nos intérieurs, les a-t-on réduites de moitié. Celles dont on se sert le plus ordinairement ne comportent plus qu'un seul battant, et ce battant est le plus souvent garni d'une glace. De cette façon, le meuble sert à deux fins, et remplace à la fois l'armoire et la psyché si chère à nos aïeules. L'adjonction de la glace, leur donnant accès dans les pièces d'habitation les plus relevées, a valu à ces armoires une parure plus distinguée. On en fait donc de très riches, ornées de pilastres, de colonnes et d'entablements. On en fait même qui, par leur décoration, rappellent les meubles de la Renaissance. C'est là un amusant anachronisme; car ces grandes glaces, dont

Rabelais parle dans la description de sa fameuse abbaye de Thélème comme d'une merveilleuse impossibilité, étaient absolument inconnues au xvie et même au xviie siècle.

Des Buffets. — Tout ce que nous venons de dire des armoires peut s'appliquer aux buffets. La seule différence marquante qui existe dans leur structure, c'est que ces derniers sont le plus ordinairement formés de deux corps superposés au lieu d'un, et que les tiroirs apparents qui dans l'armoire sont à la base même du meuble, se trouvent placés, dans le buffet, au sommet du corps inférieur, sous la tablette d'appui. En outre, ces tiroirs, étant destinés le plus souvent à contenir de l'argenterie, doivent être très solidement construits et renfermés dans un bâti spécial ou caisson. Comme le buffet est appelé à loger du pain ou des desserts qui laissent tomber des miettes, pour rendre le nettoyage plus facile on place dans le corps du bas une tablette affleurant l'ouverture des portes. Quant au corps du haut, il est également garni de tablettes sur lesquelles on dispose généralement des plats et des assiettes. Ces plats sont parfois d'une grande beauté; aussi, pour qu'on les puisse voir, les met-on presque debout, et, pour qu'ils ne glissent pas, on fixe sur chaque tablette un petit tasseau chargé d'arrêter et de retenir le bord du plat. Dans le même but, on remplace souvent les panneaux du corps supérieur par des vitres. Enfin, comme le buffet sert encore, au cours du repas, à poser la desserte de la table, et qu'on a intérêt à ce que sa tablette centrale présente un certain développement, on ménage entre le corps supérieur et le corps inférieur un espace libre, destiné à recevoir les plats et les bouteilles. Cet espace prend le nom de *cave*.

Nous avons dit que le buffet se composait de deux corps superposés. Afin d'en rendre le maniement et le transport plus faciles, on exécute ces deux corps séparément, et on les laisse indépendants l'un de l'autre. Une fois le buffet en place, pour éviter tout ébranlement du corps supérieur, on fixe ce dernier sur le corps inférieur à l'aide de quatre clefs, deux placées en arrière et une sur chacun des côtés.

Les Secrétaires ne s'éloignent pas beaucoup, comme construction, des armoires ordinaires. La seule différence caractéristique qu'ils présentent, c'est qu'ils sont à deux étages, et que celui d'en bas s'ouvre à deux portes, alors que l'étage supérieur est fermé par un abattant pouvant servir, lorsqu'il est abaissé, de table à écrire. Ajoutons que les tiroirs, au lieu d'être logés dans le bas du meuble, sont placés juste au-dessous de la corniche et que celle-ci est assez souvent surmontée par une tablette de marbre.

Parfois, au lieu de deux portes dans le bas, on dispose une succession de tiroirs, et la partie supérieure est remplie, au-dessus de l'abattant faisant fonction de table à écrire, par un caisson contenant plusieurs rangs de petits tiroirs.

Enfin les Commodes, par lesquelles nous terminons cette rapide revue de meubles à bâtis et à panneaux, ne sont autre chose que de grands coffres mesurant de $0^m,75$ à $0^m,80$ de hauteur, divisés en rangées de tiroirs successifs, et qui doivent leur nom à la facilité que présente cette disposition pour serrer un grand nombre d'objets. Le modèle classique de ce genre de meubles comporte généralement trois rangs de tiroirs, les deux du bas occupant toute la largeur du meuble, celui du haut séparé en deux et même parfois en trois tiroirs distincts. Enfin la commode est couverte tantôt avec un dessus de bois, tantôt avec une tablette de marbre. Dans ce dernier cas, pour éviter que la poussière ne s'introduise à l'intérieur, on dispose en dessous de la tablette un double fond auquel on donne le nom de châssis.

Est-il nécessaire d'ajouter que les dimensions de tous ces meubles ne sont point décidées au hasard? Certains d'entre eux, comme les grandes armoires qui ont seulement un but d'utilité, sont proportionnés à la place qui leur est destinée. Les autres, dont le rôle est plus intime, doivent se mettre à la portée de ceux qui les emploient, et leur éviter une fatigue au moins inutile. Saint-Simon rapporte que l'abbé Boileau mourut des suites d'un effort qu'il avait fait pour prendre dans sa bibliothèque un livre trop lourd et trop haut placé. C'est là une aventure bonne à méditer. Il importe donc que les tablettes des armoires et des buffets, et surtout les tiroirs des secrétaires, se trouvent à des hauteurs convenables qui les rendent facilement accessibles, et qu'ils n'obligent pas ceux qui s'en servent d'une façon constante à une gymnastique désordonnée. Comme le remarque fort bien Roubo, « la commodité est ce qu'on doit rechercher le plus » dans la composition des meubles; « c'est pourquoi on doit avoir soin de ne rien déterminer touchant leurs formes et proportions, avant de s'être rendu compte de l'usage auquel on les destine. »

Les mêmes observations sont à faire pour ce qui concerne la décoration. Tous ces meubles que nous venons de réduire à leur aspect rudimentaire comportent, cela s'entend, un genre de beauté particulière, qui dérive de l'élégance de leurs proportions et de l'ornementation plus ou moins riche dont on les pare; car aucune ressource de l'art du menuisier et des arts annexes n'a été négligée pour les rendre plus magnifiques. Cette richesse et le caractère spécial que prend la décoration, dépendent de l'opulence ou de la volonté du client auquel est destiné le meuble, et aussi du goût dominant à l'époque où ce dernier est exécuté. Entablements, frontons, corniches, frises, encadrements, moulures, bas et hauts reliefs, niches, colonnes en hors-d'œuvre ou engagées, pilastres, balustres, chutes, etc., toutes les manières d'orner ont été employées tour à tour et souvent avec beaucoup de bonheur pour rendre ces ouvrages dignes des appartements parfois somptueux où ils sont appelés à prendre place. Ne cherchant à établir ici que des règles générales, nous nous garderons bien d'entrer dans le détail de ces décorations extrêmement variées. Nous nous bornerons à indiquer seulement quelques conditions essentielles de convenance et de beauté, qui peuvent être considérées comme indispensables.

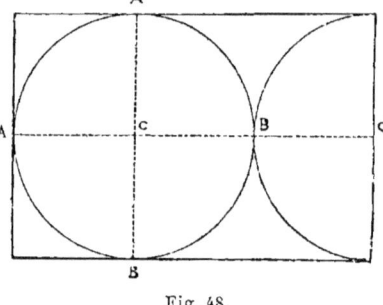

Fig. 48.

En ce qui concerne l'élégance des proportions notamment, on remarquera que tous les meubles dont nous venons de parler se présentent géométralement aux regards sous la forme d'un parallélogramme. Nous pouvons donc, sans sortir du caractère général de notre étude, rechercher quelles conditions ce parallélogramme doit remplir pour paraître agréable à l'œil.

Serlio, dans son excellent livre[1], si justement classique, fixe lui-même certaines limites qui, en architecture, ne doivent jamais être dépassées. Ces limites partent du carré parfait et aboutissent à un rectangle dont la longueur est le double de la largeur. Mais ces deux dimensions extrêmes trouvent rarement leur emploi dans le mobilier, et l'expérience démontre que les proportions les plus convenables sont celles qui peuvent s'exprimer par le rapport des chiffres 2 et 3, c'est-à-dire que si nous prenons, par exemple, pour hauteur de notre parallélogramme le diamètre ACB (voir fig. 48), sa largeur AC′ devra se composer

---

1. *Il Primo Libro d'architettura di M. Sabastiano Serlio Bolognese.*

de ce même diamètre ACB augmenté d'un demi-diamètre ou rayon BC′. Pour obtenir un bon rapport, on peut encore procéder autrement. Étant donnée la plus petite dimension du parallélogramme, soit la ligne AB (voir fig. 49), on construit, à l'aide de cette ligne, un carré parfait, le carré ABDC, dont cette ligne forme le côté; puis on trace la diagonale BC et on abaisse cette diagonale sur la base du carré, où elle tombe en C′. Ainsi prolongée, cette ligne devient le grand côté de notre parallélogramme. Cette manière d'opérer fournit, elle aussi, une figure de proportions agréables, un peu plus trapue, il est vrai, que la précédente et moins longue d'environ un vingtième, mais encore élégante. Toutefois, elle est moins pratique que la première.

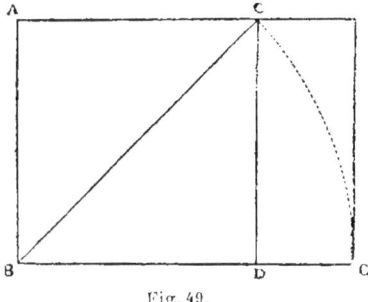

Fig. 49.

Présenté horizontalement dans ses plus vastes dimensions pour les commodes, corps de buffets, etc., et verticalement pour les armoires proprement dites, le parallélogramme obtenu par l'un ou l'autre de ces deux procédés ne doit nous fournir que la forme de la charpente générale, et il demeure sous-entendu que, suivant le cas, cette charpente peut se compliquer d'ornements latéraux, s'augmenter d'un soubassement plus ou moins élevé, et se terminer à sa partie supérieure par une corniche ou par un fronton.

Ajoutons que ces proportions, si convenables pour l'ensemble du meuble, produisent un effet également satisfaisant lorsqu'on les applique à chacune de ses parties.

Prenons comme exemple la figure 47, qui représente une armoire dessinée par Roubo, et dont le diagramme s'accorde exactement avec le premier parallélogramme que nous avons tracé. La façade de cette armoire se trouve divisée en deux parties par ses deux portes, et de la sorte chacune de ces portes ne remplit plus les conditions prescrites. Leur surface extrêmement allongée paraîtrait certainement disgracieuse, si on ne se hâtait d'en couper l'uniforme longueur par des divisions qui, prises séparément, rentrent à peu près dans les proportions que nous venons d'indiquer. Le même fait se produit pour les armoires à glace, qui, réduites à un seul battant, offrent une hauteur trop grande relativement à leur largeur. Mais comme, dans ce genre de meubles c'est la glace surtout qui occupe le regard, le constructeur, en donnant à celle-ci les dimensions respectives que nous avons reconnues satisfaisantes, atténue le mauvais effet de sa carcasse trop élancée.

Il en va encore de même pour les coffres destinés à contenir des vêtements dans leur longueur, et qui dès lors présentent des façades beaucoup trop larges relativement à leur hauteur totale. Le menuisier industrieux se hâte de diviser ces façades en panneaux successifs, qui distraient le regard et enlèvent à cette longue surface son caractère disgracieux (fig. 50).

Une autre condition d'élégance, dans les meubles à bâtis et à panneaux, c'est la bonne répartition et la claire disposition des masses portantes et des masses portées. La satisfaction du regard exige que les parties supérieures du meuble ne paraissent pas suspendues en l'air, sans rien qui les soutienne, mais au contraire qu'elles reposent sur une base et sur des montants solides. C'est pourquoi on doit bien se garder de construire, comme le firent certains ébénistes du xviie siècle, des armoires dont les portes, se développant sur toute la largeur du meuble, en occupent si bien la façade entière qu'on se demande par quel procédé l'entablement et le fronton peuvent tenir ainsi. Pour la même raison, lorsqu'il s'agit d'une armoire à deux corps superposés, il faut avoir soin que la partie inférieure, par l'ampleur de son ornementation et par la solidité de ses pro-

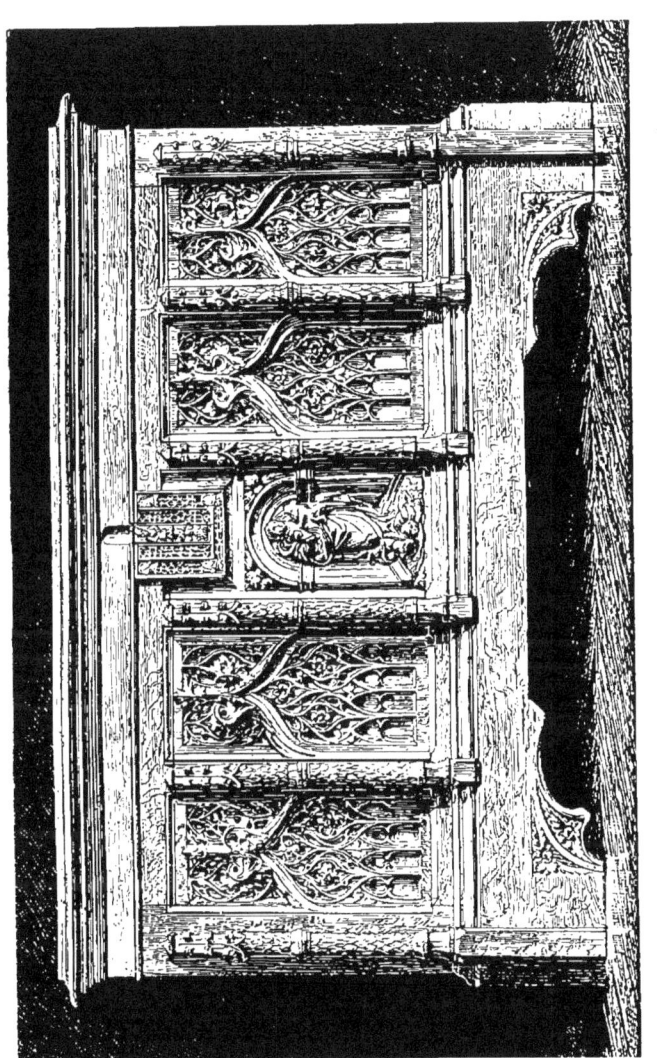

Fig. 50. — Coffre en chêne sculpté et ciré, divisé en panneaux successifs. (CHATEAU DE PAU.)

fils, accuse une robustesse plus grande que celle de la partie supérieure. Et, toujours pour le même motif, si la décoration comporte des colonnes, on se gardera de les engager dans le corps même du meuble, et surtout d'en ourler les angles. La colonne, en effet, comme le pilastre, n'a de raison d'être que si elle conserve son caractère consolidateur. Or, formant l'angle du meuble, elle en atténue la solidité apparente au lieu de l'accroître.

Une troisième condition de beauté presque indispensable, c'est que dans la fabrication d'un ouvrage de menuiserie il soit tenu compte non seulement de sa destination directe, mais encore de la pièce où il doit être mis, de la place qu'il occupera, de la distance plus ou moins grande à laquelle il sera vu. Sa fonction finale, le jour plus ou moins intense auquel il est soumis, le recul que l'on peut prendre pour le juger, sont autant de raisons qui doivent faire décider de l'importance de ses reliefs. Et, en effet, dans une petite pièce très éclairée les meubles exigent des sculptures très finies, des moulures très achevées, des surfaces polies. Dans les pièces un peu vastes, au contraire, ils réclament des formes amples, accompagnées d'un travail large, gras, énergiquement accentué.

Quant à l'ornementation, qu'elle soit plutôt sobre que prolixe, plutôt contenue que débordante. Il n'est pas de beauté sans harmonie, et l'harmonie ne se produit dans un meuble que lorsque la décoration n'altère pas la forme, mais la fait valoir, l'accompagne, la complète et concourt à rendre plus évidente sa sveltesse ou sa puissance, son élégance ou sa solidité. Enfin, en toutes choses il faut tenir compte de l'emploi du meuble qu'on exécute, du service auquel il est destiné, « n'y ayant, comme le disait fort bien Roubo, que très peu d'adresse à faire des choses dont la forme et la décoration sont opposées à leur usage ».

VIII

LES MEUBLES A BATIS.

Si les armoires, buffets, secrétaires et commodes sont assujettis, dans leur fabrication, à certaines règles de convenance, les différentes sortes de sièges, les lits, les tables, etc., qui appartiennent à la classe des MEUBLES A BATIS, sont astreints à une réglementation encore plus étroite. Se trouvant en rapport constant et direct avec ceux qui les possèdent, ils doivent se proportionner à leur taille, se plier à leurs habitudes, se conformer à leurs besoins. Il tombe sous le sens, en effet, que le menuisier, n'ayant pas le pouvoir de modifier la stature, l'âge ou le sexe de sa clientèle, doit se garder de fabriquer des tables trop basses, des lits trop courts et des sièges trop élevés; car il importe qu'on puisse utiliser tous ces meubles sans effort et s'en servir constamment sans gêne et sans souffrance. C'est de cette règle primordiale que doit s'inspirer avant tout l'artisan consciencieux et habile.

DE LA CONSTRUCTION DES SIÈGES. — Les principaux sièges en usage sont les *pliants,* aujourd'hui fort délaissés, mais extrêmement recherchés autrefois, et qui pendant longtemps constituèrent un siège très apprécié même par les plus hauts personnages, car ils jouissaient à l'ancienne cour des mêmes prérogatives hiérarchiques que le tabouret; les *tabourets,* non moins célèbres jadis, mais également tombés en mésestime; les *banquettes,* qui sont des tabourets très allongés; les *chaises,* qui ont un dos; les *fauteuils,* qui ont non seulement un dossier, mais en outre des bras; enfin les *canapés* et les *sophas,* sortes de fauteuils élargis, sur lesquels plusieurs personnes peuvent s'asseoir à la fois. Conjointement avec ces sièges devenus classiques, la mode, la fantaisie, le caprice, en ont créé une quantité d'autres. De ce nombre sont les *bergères*, les *cabriolets*, les *marquises*, les *chaises longues*, les *veilleuses*, les *vis-à-vis*, les *causeuses*, les *poufs*, les *ganaches*, etc.; mais la construction de ces divers modèles ne se recommande par aucune particularité bien caractéristique, et l'on peut leur appliquer, presque sans changements, les règles qui président à la confection des sièges principaux.

Les PLIANTS, nous venons de le dire, ont cessé d'être usités dans l'ameublement; nous n'en parlerons donc que pour rappeler qu'ils consistent en deux châssis carrés, entrant l'un dans l'autre et arrêtés ensemble, au milieu de leur hauteur, par deux axes ou boulons. On conserve à ces châssis la liberté de se mouvoir sur leurs axes, et leur écartement est réglé par la largeur de la bande d'étoffe qui, fixée aux deux traverses du haut, constitue le siège proprement dit.

Les TABOURETS, jadis très en honneur et aujourd'hui moins appréciés, sont de petits sièges rembourrés, ne comportant ni dossier ni accotoirs, et dont le bâti est formé de quatre pieds assemblés à tenon et mortaise dans quatre traverses dites *de ceinture*. Ces pieds comportent des galbes variés. On en fait de tout droits, d'autres qui sont recourbés en pieds-de-biche, renflés en balustres, tors, etc. On les orne parfois de profils ou de cannelures. Enfin, dans certains cas et pour prévenir leur écartement, on prend soin de les réunir, un peu au-dessus du sol, par un croisillon ou par une entretoise.

Les BANQUETTES sont construites comme les tabourets, avec cette différence que leurs traverses longitudinales, étant beaucoup plus étendues, doivent être reliées, de distance en distance, par des *barres à queues,* de façon à empêcher tout écartement qui entraînerait la dislocation du meuble.

Les Chaises diffèrent, on le sait, des tabourets en ce qu'elles comportent des dossiers. En conséquence, elles se composent de deux pieds de devant ne dépassant pas la hauteur du siège, et de deux pieds de derrière plus élevés, dont le double prolongement prend le nom de *pieds montants.* Ces quatre pieds sont réunis par quatre traverses, dont une de devant, deux de côté, une de derrière. Enfin, le dossier se complète par deux traverses assemblées aux *pieds montants,* une supérieure qu'on nomme *grand dossier* ou *cintre,* et l'autre inférieure appelée *petit dossier.* La confection des chaises fournit au menuisier de fréquentes occasions de déployer son goût et son savoir. L'exécution des pieds, celle de la ceinture et du dossier, donnent lieu à des coupes savantes et à des assemblages délicats; mais comme ces petits tours de force ne diffèrent pas essentiellement de ceux qu'on pratique dans la fabrication des fauteuils, nous remettons d'en parler au paragraphe suivant.

Les Fauteuils sont des chaises augmentées d'accotoirs, sur lesquels les personnes assises peuvent appuyer leurs coudes. Ces accotoirs se composent de deux parties distinctes : un bras qui s'assemble à tenon et mortaise dans le *pied montant,* et une *console* sur laquelle le bras vient buter, et qui s'assemble à tourillons avec ce dernier et avec la traverse de côté du siège. Dans le principe, ces sortes de consoles étaient formées par le prolongement des deux pieds de devant; mais au XVIIe siècle, quand on commença de faire des fauteuils mieux appropriés à la commodité, on les disposa en retraite, ce qui rendit l'entrée du siège plus facile et permit à celui qui l'occupait de s'y mouvoir plus aisément.

L'écartement des consoles ne fut pas le seul progrès

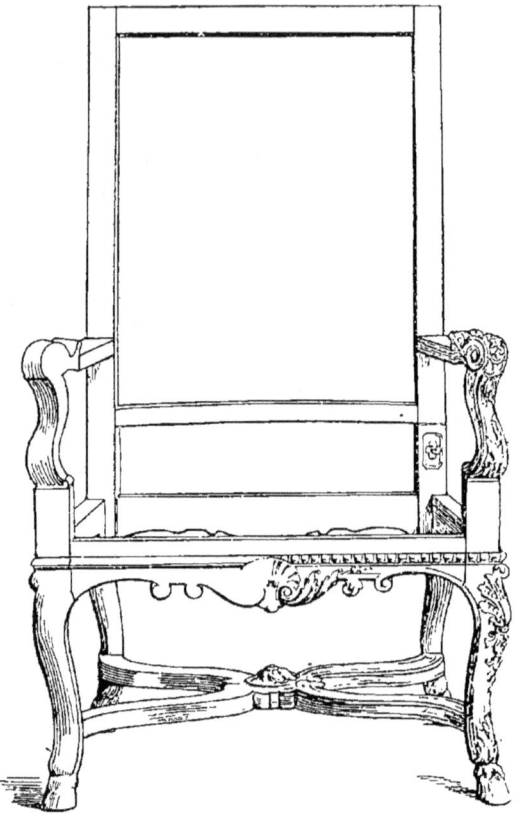

Fig. 51. — Bois de fauteuil. — Assemblage de la carcasse avec les masses dégrossies et sculptées.

réalisé à cette brillante époque. Jusqu'aux environs de 1635, le dossier était demeuré droit, c'est-à-dire perpendiculaire au siège, ce qui ne laissait pas que d'être assez fatigant pour la personne assise. On eut alors l'heureuse idée de lui donner du *renvers,* c'est-à-dire qu'on l'inclina légèrement en arrière, et, pour compenser l'effort que cette inclinaison fait supporter aux pieds de derrière, on rattacha ceux-ci aux pieds de devant par des entretoises. Plus tard, les dossiers s'étant considérablement abaissés et les fauteuils étant devenus, par cela même, plus maniables, pour les alléger encore on supprima ces entretoises et on arcbouta faiblement les pieds de derrière. Puis, toujours dans le but d'augmenter l'élégance et la commodité, on commença de cintrer la traverse antérieure du siège, en lui

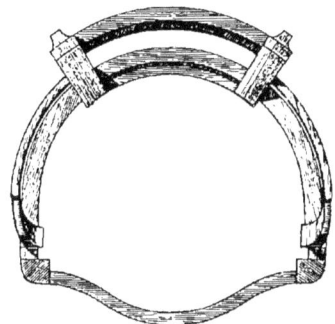

Fig. 52. — Plan d'un fauteuil cabriolet.

donnant la forme d'une S. Enfin, on cintra le dossier à son tour sur un plan demi-ovale à la base, plus évasé dans le haut, en forme de cône par conséquent, — lui faisant *faire la hotte* (suivant le terme usité chez les menuisiers), — heureuse inspiration qui lui permit d'épouser la forme du dos de la personne assise (voir fig. 52).

On comprend aisément que ces perfectionnements successifs exigèrent, indépendamment de beaucoup d'ingéniosité, infiniment d'habileté et de savoir. L'établissement des calibres fournissant le moyen de débiter le bois d'après ces coupes très compliquées, et sans produire trop de déchet, nécessite, en effet, une connaissance approfondie non seulement du métier, mais encore de la géométrie. Il fallut également un goût tout à fait supérieur pour faire servir ces améliorations à la beauté du meuble; et c'est ainsi que les menuisiers de cette époque féconde parvinrent à créer d'un même coup toute une famille de sièges particulièrement confortables et remarquablement gracieux.

Nous passons sous silence nombre d'autres progrès ou embellissements, tels que la substitution des pieds-de-biche aux pieds droits, qui allégea encore l'aspect de ces jolis meubles; la savante distribution des moulures finement poussées à la gouge, qui, accompagnant les formes, les firent paraître plus sveltes; les sculptures réparties avec discrétion sur les portions du bâti les moins sujettes au frottement; la transformation des sièges et des dossiers fixes en sièges et dossiers mobiles, établis sur des châssis séparés et engagés ensuite dans une feuillure où ils étaient maintenus par un écrou[1]. Tous ces perfectionnements, accomplis par des artisans, disons mieux, par des artistes extrêmement habiles et qui avaient le génie de leur profession, achevèrent d'amener la confection des sièges à un point de perfection qui, depuis lors, n'a pas été dépassé.

On a donc grandement raison de vouer une reconnaissance profonde à ces menuisiers admirables, à Antoine Saint-Yves, à Bouet, à Fouache, à Prou, à Buirette, à Grémont, à Claude Namur, aux frères Bon, à Dulin, à Gascoin, qui, au XVIIe et au XVIIIe siècle, ont fait faire tant de progrès à leur art; mais, par contre, on a quelque tort de reprocher aux menuisiers de notre temps de n'avoir pas, à leur tour, réalisé des prodiges capables de faire oublier ces devanciers illustres. On doit se souvenir, en effet, que ces

---

1. Ce perfectionnement, tombé en désuétude et négligé aujourd'hui, offrait un grand avantage. Il permettait, en cas d'absence prolongée, de conserver les sièges, les dossiers et les accotoirs, recouverts de tapisseries ou d'étoffes précieuses, dans des armoires, à l'abri de la poussière et des mites.

hommes remarquables mirent près de deux cents ans à faire accomplir à cette partie de notre mobilier l'évolution à la fois savante et gracieuse que nous venons de décrire, et il faudrait ne pas savoir combien l'enfantement d'une forme nouvelle est difficile, et combien le public routinier tient à ses habitudes, pour s'étonner que les acheteurs du XIXe siècle et les menuisiers chargés de les satisfaire se contentent encore aujourd'hui de modèles qui n'ont pas cessé d'être confortables et de paraître charmants.

Mais où l'on a le droit de se montrer sévère, c'est quand on constate que, imitateurs trop fidèles, certains de nos fournisseurs contemporains copient sans réflexion les meubles laissés par leurs devanciers, et construisent leurs chaises et leurs fauteuils sans tenir compte de la taille ni de la corpulence de ceux qui leur en font la commande. La commodité est, en effet, ce qu'on doit rechercher avant tout dans la confection des sièges. C'est pourquoi les maîtres du siècle dernier recommandaient d'avoir grand soin « de ne rien déterminer touchant leurs formes et leurs proportions avant de s'être rendu compte de l'usage auquel on les destine[1] ». Si cet usage est général, comme cela arrive pour ceux qui, placés dans un appartement, servent indistinctement à toutes sortes de visiteurs, il est clair que leurs dimensions doivent répondre aux exigences d'une taille moyenne. Si, au contraire, ils sont réservés à une seule personne, leur devoir est de se proportionner à la taille de celui qui s'en servira constamment.

Ce sont là des précautions qui semblent élémentaires, et auxquelles, cependant, on ne prend pas toujours garde. Aussi arrive-t-il trop souvent que, même pour les sièges fabriqués en vue de cet usage général dont nous venons de parler, au lieu d'établir géométriquement les proportions qui conviennent à chacune de leurs parties, on copie

---

1. *Art du menuisier*, tome III, p. 609.

au hasard un modèle qui paraît élégant, sans penser à se rendre compte si ses dimensions correspondent à la taille moyenne des personnes qui seront appelées à s'en servir.

Est-il donc impossible d'établir une sorte d'échelle, de « gabarit humain » (qu'on nous permette le mot) prévenant ces fâcheuses erreurs ? Nullement. Dès la plus haute antiquité on s'est préoccupé des proportions du corps de l'homme, et le *canon* égyptien, malgré son ancienneté vénérable, n'a pas cessé d'être d'une vérité suffisante pour qu'on puisse encore le prendre pour guide. Il suffit pour cela de raccorder cette figure à la taille courante de nos contemporains. En France, les lois qui régissent le recrutement fixent à 1^m,54 le minimum nécessaire pour le service militaire. Par contre, quand un homme atteint 1^m,80, il sort de la moyenne et passe pour ce qu'en langage populaire on appelle « un bel homme ». En additionnant ces deux chiffres et en divisant ensuite le total par 2, on obtient 1^m,67. Prenons 1^m,65, hauteur très convenable et même déjà un peu considérable pour l'objet de nos études; car il serait imprudent de ne pas se souvenir que notre espèce compte deux sexes d'inégale grandeur, et que les meubles dont nous nous occupons doivent servir au beau sexe aussi bien qu'au sexe fort [1].

Supposons maintenant que notre figure de 1^m,65 veuille s'asseoir. Pour que le pied pose à plat, il importe que le siège ne dépasse pas 0^m,40 de hauteur, car c'est ce chiffre que nous trouvons à la base de la rotule, laquelle correspond assez exactement au pli du jarret [2] (voir fig. 53). Eh bien, il arrive parfois que le tapissier peu soigneux et le menuisier négligent donnent à ceux de leurs sièges qu'ils

---

1. La différence de taille des personnes qui s'asseyent est en partie compensée par le soin qu'on prend d'offrir aux dames un petit banc ou un coussin pour poser leurs pieds.
2. Rapprochement curieux : une chaise antique conservée au Louvre, dans la section égyptienne, mesure exactement 0^m,40 de hauteur.

appellent « de style » une hauteur variant entre 0^m,45 et 0^m,48, c'est-à-dire que leurs sièges sont imprudemment établis pour des individus mesurant de 1^m,80 à 1^m,92. — Ce

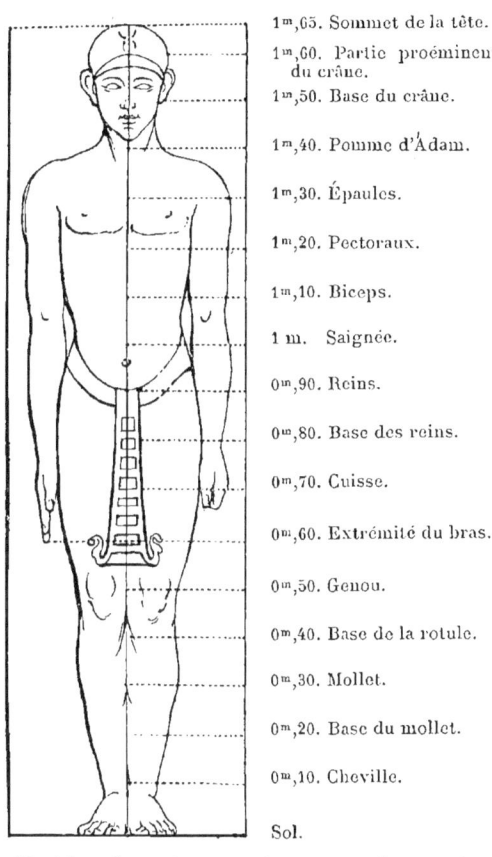

1^m,65. Sommet de la tête.
1^m,60. Partie proéminente du crâne.
1^m,50. Base du crâne.
1^m,40. Pomme d'Adam.
1^m,30. Épaules.
1^m,20. Pectoraux.
1^m,10. Biceps.
1 m. Saignée.
0^m,90. Reins.
0^m,80. Base des reins.
0^m,70. Cuisse.
0^m,60. Extrémité du bras.
0^m,50. Genou.
0^m,40. Base de la rotule.
0^m,30. Mollet.
0^m,20. Base du mollet.
0^m,10. Cheville.
Sol.

Fig. 53. — Canon égyptien, adapté au système métrique.

qui se produit alors, on le devine aisément. — Une personne de taille moyenne, prenant place sur une chaise de cette dimension, si elle souhaite d'être assise carrément, est contrainte ou de laisser pendre ses jambes (fig. 55), ou de porter ses reins en avant et de n'occuper que le bord de son siège, si elle tient à ce que ses pieds posent à terre (fig. 54). De toutes façons elle ne manquera pas d'être mal à son aise, et ne tardera pas à sentir des fourmillements qui l'obligeront à croiser et à décroiser constamment ses jambes. C'est là, en effet, le secret de cette gymnastique disgracieuse et ridicule à laquelle on voit assez fréquemment les hommes se livrer dans un salon.

Quelle raison peut-on donner pour justifier cet excès de hauteur ? La seule que les menuisiers et les tapissiers invo-

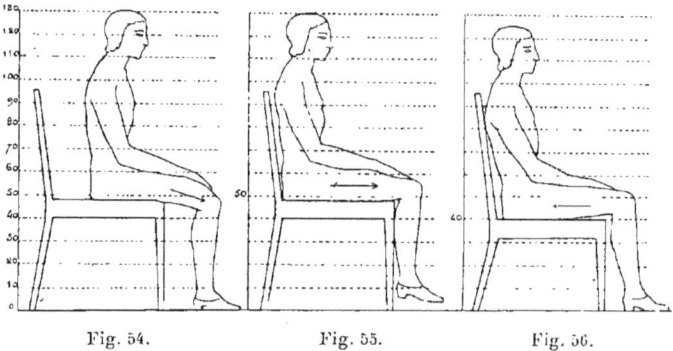

Fig. 54.   Fig. 55.   Fig. 56.

quent en pareil cas, c'est que leurs bois sont copiés exactement sur des modèles de la bonne époque. Réponse peu plausible, car il serait vraiment fâcheux que nous fussions mal assis, sous prétexte que nos ancêtres avaient les jambes plus longues ; mais défense absolument inexacte, car les sièges, au siècle dernier, n'avaient nullement la dimension qu'on leur suppose. Roubo fils, en effet, nous apprend qu'en son temps on donnait aux pliants une élévation de 14 à 16 pouces, soit 0^m,38 à 0^m,42 ; aux tabourets, 13 à 17 pouces, soit 0^m,35 à 0^m,45 [1] ; aux chaises, 14 à 16 pouces, soit 0^m,38 à 0^m,42. Quant aux fauteuils, ils étaient tenus un

---

1. A la cour, les tabourets ne mesuraient que 8 à 10 pouces, soit environ 0^m,25 de haut.

peu plus bas que les chaises. Ajoutons que vingt sièges provenant du xviie et du xviiie siècle, pris au hasard parmi ceux qui sont conservés au Mobilier national et mesurés par nos soins, nous ont fourni une moyenne de 0^m,41. On voit que nous sommes loin des 0^m,45 à 0^m,48 actuels. Mais cette dernière moyenne se serait trouvée sensiblement plus élevée, qu'elle n'eût point suffi à excuser les menuisiers de nos jours.

Les sièges magnifiques que possède notre Garde-Meuble proviennent, en effet, des palais et des châteaux royaux. Or, au xviiie siècle pas plus qu'au xviie, il n'était d'usage à la cour de s'asseoir sur les fauteuils et sur les canapés. « Il y avoit dans les salons, écrit Mme de Genlis, en parlant de Versailles et du Palais royal, une grande quantité de chaises d'étoffes, rembourées, galonnées, à long dos et très commodes. On ne s'asseyoit que sur ces chaises et non sur les canapés ou dans les fauteuils, qui *n'étoient que meublans* et rangés autour des lambris, où ils restoient toujours... Le seul fauteuil de la princesse étoit à demeure au coin de la cheminée, et la princesse avoit la politesse de ne le prendre que pour les présentations des femmes titrées[1]. » Saint-Simon et Dangeau ne sont pas moins explicites. Le premier nous apprend qu'à partir de la Régence, quand les princes et princesses du sang purent s'émanciper des rigueurs de l'étiquette qui les reléguait sur des tabourets, ils prirent la coutume de s'établir « sur de petites chaises à dos, de paille, plus mobiles et plus légères et commodes pour travailler et pour jouer[2]... »; et ces petites chaises devinrent « les sièges de tout le monde sans distinction[3] ». S'il nous fallait une dernière attestation de l'habitude qu'on avait alors de ne point utiliser les sièges *meublants*, l'indignation que la duchesse d'Orléans témoigne

---

1. *Dictionnaire des étiquettes de la cour*, tome Ier, p 188.
2. Saint-Simon, *Mémoires*, tome XIV, p. 462.
3. Dangeau, *Journal*, tome XVII, p. 67.

d'avoir vu, à Marly et à Trianon, quelques hauts personnages s'asseoir sur des canapés devant le duc et la duchesse de Bourgogne, achèverait de nous convaincre [1]. Enfin les princesses du plus haut rang étaient, elles-mêmes, si bien obligées, au cercle de la cour, de se contenter de tabourets ou de pliants, qu'en janvier 1745 « la Dauphine s'étant plaint que les pliants sur lesquels elle étoit assise lui faisoient mal aux reins, Madame, à qui elle fit cette confidence, en parla » à la reine « et obtint pour elle un pliant avec un petit dossier fort bas [2] ».

Dans les intérieurs de la haute bourgeoisie, on s'asseyait, il est vrai, dans les fauteuils et les chaises à bras, et il nous est resté d'assez nombreux spécimens de ces sièges d'un usage courant; mais tous, ou presque tous, sont de petite taille et rentrent dans les dimensions indiquées par Roubo. Il s'agit donc, lorsqu'on veut copier, de choisir ses modèles avec intelligence. C'est ainsi que, pour les sièges fabriqués de nos jours à l'imitation du xviie siècle et qu'on dit, à cause de cela, être « de style Louis XIV », nos menuisiers ont également grand tort de les faire aussi massifs et aussi pesants que leurs aînés. A cette époque, on eût regardé comme une incongruité de dire à un visiteur, même d'un rang moins élevé, de prendre une chaise ou un fauteuil. On ordonnait à l'un des valets présents d'avancer le siège qu'on destinait à ce visiteur, de le *voiturer*. Molière, interprète exact des mœurs de son temps, ne manque pas de nous édifier sur ce détail d'étiquette courante [3].

On voit, par ces quelques réflexions, que si l'on a raison d'admirer grandement les sièges exécutés au xviie et au xviiie siècle, on se trompe, par contre, en les reproduisant servilement et en appliquant à des besoins journaliers des

---

1. *Correspondance de Madame*, tome Ier, p. 340.
2. De Luynes, *Mémoires*, tome VII, p. 203.
3. Voir *Don Juan*, acte IV, scène iii; *la Comtesse d'Escarbagnas*, scène xvi; *les Précieuses ridicules*, scène x; etc.

meubles qui étaient si bien « d'apparat » que la plupart d'entre eux sont « bâtis en façade », c'est-à-dire confectionnés et décorés pour être vus uniquement par devant, ce qui, avec l'usage qu'on en fait aujourd'hui, devient une grossière anomalie. Dès qu'ils sont occupés, en effet (notre fig. 57 le démontre), on cesse d'en voir la partie ornée, et la seule

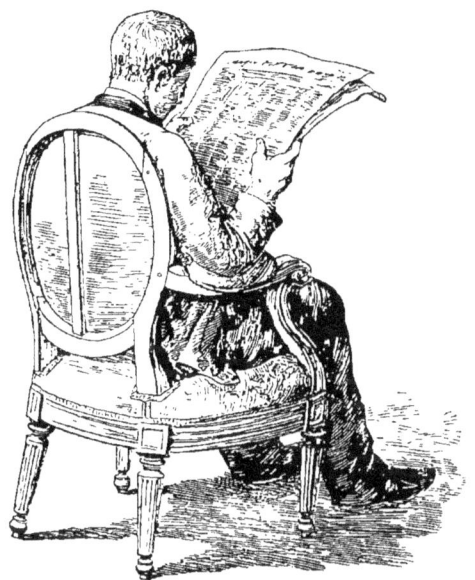

Fig. 57.

façade qui demeure visible présente une charpente assez désagréable à contempler. Mais le tapissier distrait ou négligent fait pis encore. Il dénature par des adjonctions inattendues les proportions des meubles qu'il copie. Il gratifie de roulettes un bois de fauteuil qui n'en comportait pas. Il surélève sa garniture avec des ressorts en laiton inusités à l'époque où le siège choisi comme type a été confectionné, et, par un déplorable contresens, il fait dépendre les dimensions d'un meuble de sa fabrication, et non de l'emploi auquel il est destiné. Quant au menuisier, pour s'éviter la peine d'établir de nouveaux calibres proportionnés à la taille des personnes qu'il entend servir, il se borne à copier exactement ceux de ses prédécesseurs, sans se soucier des transformations que le tapissier fera subir à son bâti[1]. Nous sommes loin du temps où un maître en la matière traçait ce principe qu'on ne devrait jamais perdre de vue : « Avant de rien déterminer sur la grandeur des sièges, il faut se rendre compte de la façon dont ils seront garnis[2]. »

Tout ce que nous venons de dire s'applique non seulement aux sièges *meublants* et d'un usage général, mais surtout à ceux qui ont une destination particulière. Lorsqu'une chaise, lorsqu'un fauteuil sont spécialement confectionnés pour une personne quelconque, il est indispensable que cette personne s'y trouve à l'aise, et pour cela que toutes les parties de la chaise ou du fauteuil se proportionnent à la taille de celui qui doit l'occuper. Pour obtenir ce résultat, cinq choses sont à considérer : 1° la hauteur du siège proprement dit ; 2° sa largeur ; 3° sa profondeur ; 4° le *renvers* ou inclinaison du dossier, et 5° la hauteur des accotoirs. Ces

---

[1]. Les menuisiers du XVIIe et du XVIIIe siècle, beaucoup plus respectueux que les nôtres des besoins de leurs contemporains, faisaient varier la forme de leurs meubles de façon à les mettre d'accord non seulement avec la taille de leurs clients, mais avec les exigences de la toilette. Ce fut le développement considérable pris par le volume des perruques qui provoqua l'abaissement du dossier des fauteuils, et Barbier constate (*Journal*, tome II, p. 37) que, de son temps, l'exagération des jupes soutenues par des paniers amena l'écartement des bras et la position en retraite des consoles qui les supportent. Deux siècles plus tôt, les vertugadins avaient provoqué une transformation pareille.

[2]. Roubo, *loco cit.*, tome III, p. 609. L'enseignement donné depuis quelques années à l'*École Boulle*, instituée par la ville de Paris, remédiera en partie à cette négligence. Elle oblige, en effet, les apprentis tapissiers à prendre une connaissance sommaire de la menuiserie, et les apprentis menuisiers à passer quelque temps dans les ateliers de tapisserie.

prémisses étant admises, est-il possible d'établir, une fois pour toutes, une formule générale, une sorte de diagramme qui permette de confectionner d'une façon régulière et normale un exemplaire de cet « excellent meuble », comme l'appelle Xavier de Maistre, remplissant les conditions que nous venons d'énoncer? La solution de ce petit problème n'est certes pas irréalisable.

Pour la trouver il faut procéder comme pour toute autre opération mathématique : partir du connu pour arriver à l'inconnu. Le connu, c'est : 1º le genre du meuble que le client désire, son « style », pour nous servir du terme adopté ; 2º la hauteur du siège ; 3º l'inclinaison du dossier. Le style général du meuble est, en effet, indiqué par l'acheteur. L'inclinaison du dossier se trouve régie par le style, et la hauteur du siège nous est fournie par la taille de la personne qui le doit occuper. L'inconnu, c'est tout le reste. Voyons, après cela, comment il faut nous y prendre pour obtenir la formule souhaitée.

Supposons que notre acheteur désire un fauteuil Louis XVI, c'est-à-dire large, commode, avec des consoles en retraite et un dossier de grandeur moyenne. Supposons encore, et pour plus de commodité, que notre client ait précisément la taille de $1^m,65$ portée sur notre *canon*. Nous savons que pour une personne mesurant cette taille le jarret est situé à environ $0^m,40$ du sol. Voilà donc la hauteur de notre siège naturellement établie. Mais un fauteuil Louis XVI est rembourré ; la garniture s'élève à peu près à $0^m,10$ au-dessus du bâti ; en admettant qu'elle s'affaisse de moitié sous le poids du corps, c'est-à-dire de $0^m,05$, notre bâti ne devra pas dépasser $0^m,35$. Nous aurons de la sorte une hauteur convenable. Pour l'inclinaison du dossier, les habiles menuisiers du XVIIIe siècle, ceux-là mêmes qui ont créé le modèle choisi, avaient adopté un écart de trois pouces (soit environ dix centimètres). Réglons-nous là-dessus et commençons à *élever* notre fauteuil.

Nous avons le sol SS' (voir fig. 58) sur lequel, en A, nous dressons une perpendiculaire. A 0ᵐ,35 du sol nous traçons une ligne horizontale, parallèle à notre ligne SS'; c'est la ligne CD, qui, coupant notre perpendiculaire à angle droit, nous donne le niveau de notre bâti. Puis, prenant sur notre verticale AB un point H situé à une distance de no-

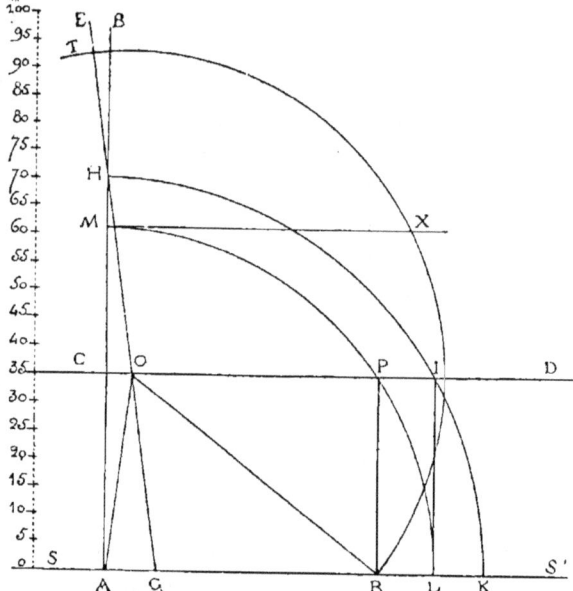

Fig. 58. — Diagramme d'un fauteuil Louis XVI.

tre parallèle égale à celle qui sépare cette dernière du sol, nous abaissons, passant par ce point H, la diagonale EG qui va nous livrer l'inclinaison de notre dossier, et nous voilà en possession de nos éléments connus.

Cela fait, plaçons en H la seconde pointe d'un compas ayant sa première pointe en A, et décrivons un arc de cercle. Cet arc viendra couper notre ligne de bâti en I et le sol en K. Du point I abaissons une perpendiculaire sur le sol, elle tombera en L; et la figure que forment ces lignes nous offre déjà l'aspect sommaire du siège que nous cherchons.

Pour terminer notre diagramme, replaçons la pointe de notre compas en A et l'autre pointe en L; décrivons un nouvel arc de cercle; il ira couper notre parallèle de hauteur en P et notre diagonale d'inclinaison en M. Du point

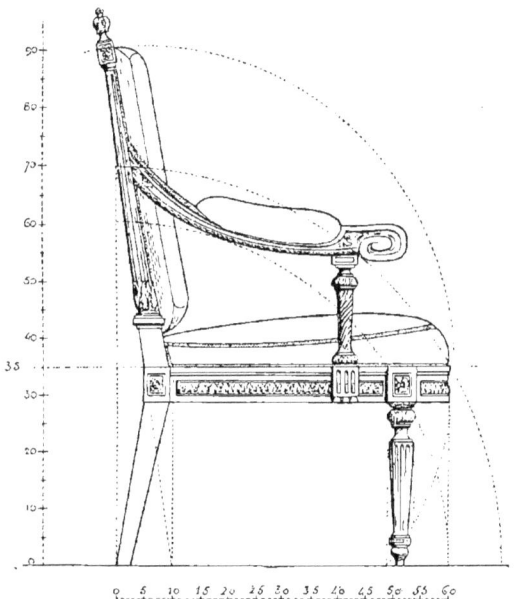

Fig. 59. — Fauteuil Louis XVI dans son diagramme.

P abaissons une perpendiculaire sur le sol; elle tombera en R, et la ligne PR indiquera l'alignement extrême des pieds de devant, — c'est-à-dire que ces pieds ne peuvent ni ne doivent, en aucun cas, se trouver en dedans de cette ligne. — Enfin, reprenons notre compas, plaçons sa pointe en O et son autre extrémité en R, décrivons un dernier arc qui, venant couper notre diagonale en T, marquera le terme de notre dossier, tandis que les points H et M indiqueront le lieu de rattachement des bras, dont la poignée devra, autant que possible, affleurer la ligne MX. Voilà complètement tracé le diagramme que nous cherchions.

Pour plus de clarté encore, inscrivons le profil d'un fauteuil dans cette espèce de charpente (voir fig. 59). Que nous dit ce fauteuil? Son siège a $0^m,45$ de hauteur, garniture comprise. Étant donné qu'il s'affaissera de $0^m,05$ sous le poids de la personne assise, il compte donc $0^m,40$, c'est-à-dire juste la dimension qui convient pour un homme mesurant $1^m,65$. Comme profondeur, il donne net $0^m,50$, espace suffisant, puisque du jarret à l'extrémité postérieure du corps notre figure 53 ne mesure pas plus de $0^m,40$ à $0^m,45$. Le bras se trouve, suivant le développement des accotoirs, à environ $0^m,22$ ou $0^m,23$ du siège, ce qui est une hauteur fort convenable, car on constate cette même distance entre l'extrémité inférieure de la cuisse et le dessous du coude. Enfin, pour l'homme debout, les omoplates étant situées à $1^m,30$ du sol, cette hauteur, diminuée de la partie repliée (soit environ $0^m,45$), se réduit à $0^m,85$. Le dossier se terminant à $0^m,90$, la personne assise dans notre fauteuil a donc toute la facilité désirable de s'appuyer convenablement.

On voit que cet ensemble de lignes arrivant à constituer une formule, qui se déduit tout naturellement de deux points connus, — la hauteur du siège et l'inclinaison du dossier, — offre toute espèce de commodités pour la construction d'un fauteuil. Grâce à ce diagramme, on possède l'aplomb, l'élégance et la solidité. Les yeux sont satisfaits, la logique n'a rien à reprendre, et, le corps étant à l'aise, il semble qu'on ne peut guère demander plus. Constatons, en outre, que cette formule établit entre les proportions du siège une harmonie certaine, et permet d'en faire varier les dimensions sans que les rapports en soient altérés [1].

1. Admettons, en effet, qu'au lieu de prendre $0^m,35$ comme hauteur

LA MENUISERIE 79

Supposons, à présent, qu'au lieu d'un fauteuil Louis XVI nous désirions exécuter un grand fauteuil genre Louis XIII, à pieds croisillonnés et à long dossier. Il va nous falloir

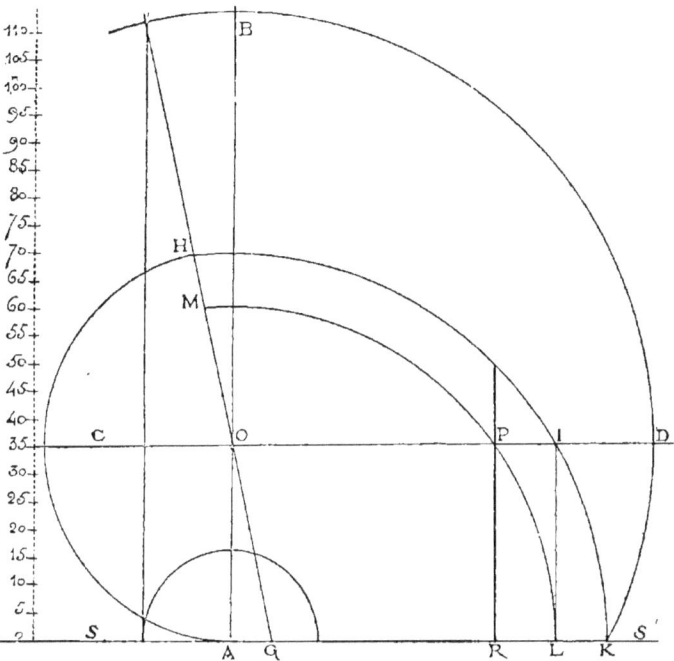

Fig. 60. — Diagramme d'un fauteuil Louis XIII.

édifier un nouveau diagramme. Pour l'obtenir, nous procéderons comme tout à l'heure, en allant du connu à l'inconnu. Nous dresserons une verticale AB, perpendiculaire au sol SS' (voir fig. 60); nous tracerons à 0^m,35

de notre bâti, nous prenions 0^m,40. Notre largeur de siège va devenir 0^m,59 au lieu de 0^m,50, et la hauteur du dossier montera à 1^m,07 au lieu de 0^m,90. Si, au contraire, nous choisissons la hauteur 0^m,30, notre siège n'aura plus que 0^m,43 de profondeur, et la hauteur totale suivra.

de hauteur une ligne horizontale CD parallèle à SS', puis, après avoir fait passer au point d'intersection O la ligne aboutissant en G qui représente l'inclinaison de notre dossier, nous placerons la pointe d'un compas en ce même point O, l'autre pointe en A, et, décrivant un arc de cercle, nous couperons la ligne EG en H, qui fournira le point d'attache de notre bras. Transportant alors la pointe de notre compas en A, la seconde en H, nous décrirons un nouvel arc de cercle qui, après avoir coupé la ligne CD en I, viendra tomber sur la ligne de terre en K. Abaissons maintenant une perpendiculaire du point I ; décrivons de son point de jonction L un nouvel arc de cercle qui remontera jusqu'à la ligne du dossier et la coupera en M ; au point de jonction de cette courbe avec la ligne du siège CD, abaissons une autre perpendiculaire (PR) sur la ligne de terre ; enfin, replaçant la pointe de notre compas en O, décrivons un dernier arc de cercle partant du point K ; nous aurons ainsi une nouvelle figure, dans laquelle nous pourrons insérer ce fauteuil Louis XIII que nous souhaitons d'exécuter ; et l'ensemble des lignes (voir fig. 61) qui constituent ce second diagramme, procédant uniquement de deux termes connus, il suffira, comme pour le siège précédent, que l'un de ces termes varie pour que toutes les autres lignes varient, elles aussi, d'une façon proportionnelle.

On voit, par ce double exemple, que tous les sièges peuvent s'accommoder d'un diagramme plus ou moins compliqué et se trouver régis par un calcul mathématique d'une simplicité relative. Avec un peu de réflexion et d'application, on obtiendra assez facilement des formules de même genre s'appliquant à toutes sortes de meubles, et l'avantage qu'on trouvera à cette façon de procéder c'est que, la forme et les proportions générales cessant d'être une préoccupation pour l'artiste, celui-ci, une fois en possession d'un diagramme convenable, pourra donner tous ses soins à la décoration.

La Décoration des sièges consiste le plus généralement en moulures qui viennent amincir les contours, et en sculptures chargées de rompre la monotonie des grandes lignes.

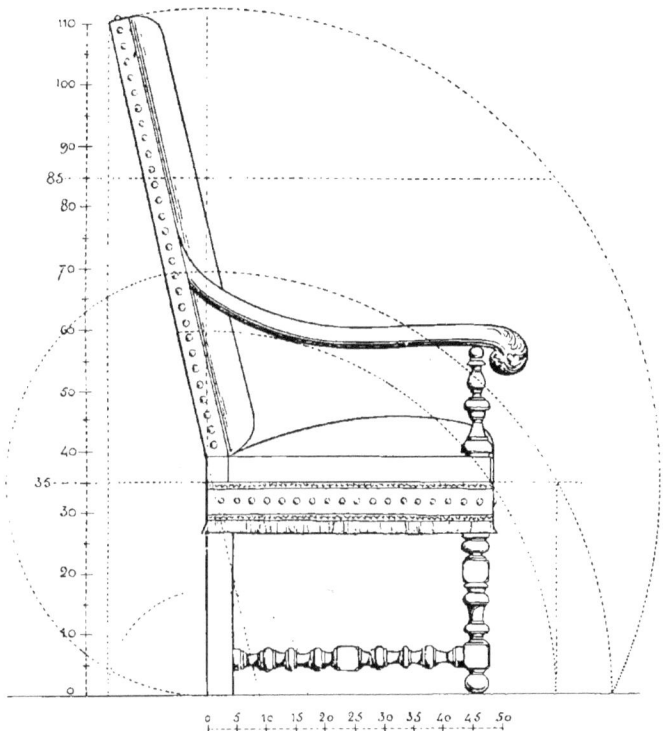

Fig. 61. — Fauteuil Louis XIII inscrit dans son diagramme.

On peut encore dorer les fûts, les peindre, les laquer, etc. La dorure, soit qu'on l'applique en plein, soit qu'on se borne à réchampir les principales saillies, communique aux bois une richesse et une somptuosité sans rivales. Le laquage et la peinture fournissent, dans une note plus modeste, une parure souvent élégante et surtout pleine de fraîcheur; mais la plus importante décoration du siège, celle qui prime toutes les autres, est l'œuvre du sculpteur. Ce dernier, en effet, allège, par les profils qu'il pousse et par les ornements qu'il découpe et qu'il fouille, la lourde carcasse construite par le menuisier, et communique ainsi à l'ouvrage son élégance et sa sveltesse.

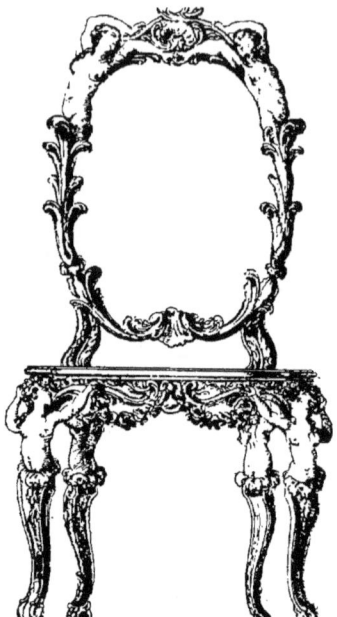

Fig. 62. — Modèle de chaise dessiné par Roubo.

Il faut se garder, toutefois, de donner à ces belles décorations une importance exagérée. Autant que possible les sculptures, soit qu'elles consistent en guirlandes de fleurs et de feuillages, soit qu'elles prennent la forme de rinceaux, de cariatides ou de tout autre ornement, ne doivent point présenter d'aspérités capables de froisser l'épiderme. Il faut surtout éviter de couvrir de reliefs trop accentués les endroits par lesquels on saisit habituellement le meuble, quand on veut le mouvoir ou le transporter d'une place dans une autre.

Il est indispensable, en outre, de réserver l'ornementation pour la partie supérieure, la seule qui soit facilement accessible à la vue. La chaise dont nous donnons ici l'image (fig. 62), bien qu'elle ait été dessinée par un illustre maître, fournit un exemple très frappant des erreurs que peut commettre un menuisier même éminent. Non seulement elle n'offre aucune place par où on la puisse saisir sans crainte de la détériorer ou de se blesser, mais les délicates figures qui forment les pieds disparaissent derrière les pantalons ou les jupes de la personne assise, ou, lorsque le siège est inoccupé, obligent celui qui les veut contempler à prendre une position à la fois fatigante et ridicule.

Ces différentes observations s'appliquent également aux grands sièges, aux canapés, aux sophas, aux ottomanes, aux bergères, etc., qui, nous l'avons dit, peuvent être considérés comme des dérivés ou des augmentations du fauteuil et de la chaise.

Du Lit. — Les autres meubles à bâtis qui se trouvent en rapport direct avec le corps humain sont la table et le lit. On compte plus de quarante sortes de lits. Nous citerons notamment :

1º le lit à alcôve; 2º le lit d'ange; 3º le lit à l'anglaise; 4º le lit en armoire ou lit clos; 5º le lit en baignoire; 6º le lit à baldaquin; 7º le lit à balustre ou de parade; 8º le lit à bateau; 9º le lit baudet ou lit de sangle; 10º le lit de camp; 11º le lit à la capucine; 12º le lit à la chinoise; 13º le lit à la Choisy; 14º le lit de coin; 15º le lit à colonnes, à piliers ou à quenouilles; 16º le lit à coquille; 17º le lit à couronne; 18º le lit à la Dauphine; 19º le lit en dôme; 20º le lit à deux dossiers; 21º le lit à la duchesse; 22º le lit à flèche; 23º le lit de glace; 24º le lit à la grecque; 25º le lit en housse; 26º le lit à impériale; 27º le lit à l'italienne; 28º le lit de milieu; 29º le lit en niche; 30º le lit par terre; 31º le lit à pavillon; 32º le lit à pentes; 33º le lit à la polonaise; 34º le lit à quatre faces; 35º le lit à la reine; 36º le lit de repos; 37º le lit à la romaine; 38º le lit à la sultane; 39º le lit en tombeau; 40º le lit en double tombeau; 41º le lit à tournant; 42º le lit à la turque; 43º le lit de veille, etc., etc.

La description de ces nombreuses variétés se trouve dans le *Dictionnaire de l'ameublement et de la décoration*[1]. Le lecteur qui voudra se reporter à cet ouvrage, verra que presque toutes ces sortes de lits se distinguent par l'arma-

---

1. Tome III, col. 370 à 455.

ture de leurs rideaux ou par la forme de leur ciel bien plus que par celle des bois de lit (ou châlits); ces derniers se résument en quatre ou cinq modèles particuliers, qui sont : le lit à quenouilles ou colonnes, le lit à simple, double ou triple dossier, le lit à bateau et le lit pliant ou lit de sangle.

Nous parlerons peu du lit de sangle, qui se compose, comme le pliant ordinaire, de deux châssis évoluant autour d'un axe et retenus à leur partie supérieure par une toile sanglée. Pour tous les autres, les principes qui président à leur construction ne diffèrent pas d'une façon sensible.

La structure de ces divers châlits est, au surplus, des plus simples. Elle se compose de quatre pieds, assemblés par deux traverses surmontées d'un ou deux chevets[1] et de deux pans ou battants latéraux. Les pans sont réunis aux traverses par des vis de rappel permettant de démonter, chaque fois que cela est nécessaire, le châlit en quatre morceaux séparés. Un châssis sanglé s'adaptant à l'intérieur de ce bâti supportait jadis la literie. Depuis l'invention des sommiers à élastiques, ce châssis est remplacé par des barres appelées *goberges* (voir fig. 63).

Ce qui distingue le *lit à quenouilles* ou *à colonnes* du châlit ordinaire, c'est que ses quatre pieds, au lieu de s'arrêter à la hauteur des battants, se prolongent jusqu'à deux mètres au moins au-dessus du sol, jouant le rôle de piliers et soutenant le ciel ou dais du lit, tandis que le chevet se trouve embrevé entre les colonnes.

Dans le *lit à un ou deux chevets* ou *dossiers,* une des traverses ou les deux — suivant le cas — sont surmontées de chevets ou dossiers qui peuvent être égaux, mais dont, le plus souvent, celui qui marque les pieds est plus petit d'un tiers. Le troisième dossier, quand il en existe un (cette mode aujourd'hui est abandonnée), est adapté à l'un

---

1. Les menuisiers donnent aux chevets le nom de dossiers, terme impropre, mais généralement en usage.

des pans ou battants de façon à empêcher la literie de se trouver en contact direct avec la muraille.

Enfin, dans le *lit à bateau,* celui des deux battants qui est destiné à être vu est cintré au milieu et relevé à ses deux extrémités, qui s'arrondissent en forme de gondole.

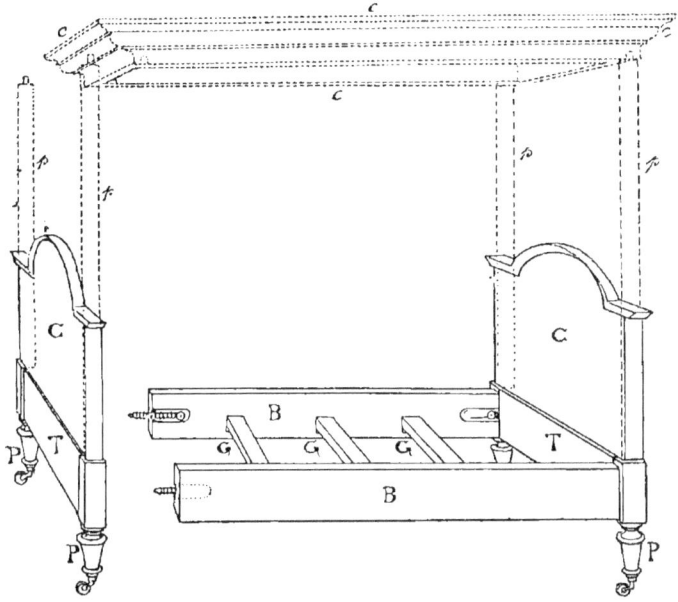

Fig. 63. — Bois de lit. — B, B, pans ou battants. — C, C, chevets. — G, G, G, goberges. — P, P, pieds. — T, T, traverses. — c, c, c, c, ciel ou corniche. — p, p, p, p, piliers ou colonnes.

Dans toutes ces variétés les assemblages demeurent les mêmes. Ajoutons que les lits à colonnes et ceux à un ou deux dossiers rentrent généralement dans la catégorie des *lits de milieu* ou *lits vus en pieds,* ou encore *lits de bout,* c'est-à-dire que leur chevet seul adhère à la muraille. Les lits à bateau, au contraire, et les lits à trois chevets touchent au mur par un de leurs battants, et quelquefois aussi par le chevet, quand ils sont placés en encoignure.

Quelle que soit, en outre, la forme qu'on donne au lit, ses dimensions et ses proportions ne varient pas d'une façon sensible, parce qu'elles sont régies par des besoins qui demeurent les mêmes. Un lit confortable doit mesurer intérieurement 2 mètres de long sur 1^m,25 à 1^m,60 de large, suivant qu'il est destiné à recevoir une ou deux personnes. Parfois il peut comporter une largeur un peu plus grande, surtout quand il est appelé à être vu en pieds; il n'en doit jamais affecter de plus réduites.

Autrefois, pour les chambres de parade, on construisait des lits énormes. Roubo remarque à ce propos que « les lits des grands seigneurs ont depuis cinq jusqu'à sept pieds de large, sur sept et même huit pieds de long; non pas, ajoute-t-il plaisamment, que cela soit nécessaire pour eux, qui ne sont ni plus grands ni plus gros que les autres hommes, mais afin que la grandeur de leurs lits réponde en quelque sorte à celle de leur appartement[1] ». Comme nos habitations étriquées ne comportent plus de pièces de parade, et comme, depuis un siècle et demi, les princesses et leurs augustes époux ont perdu l'habitude de recevoir leurs visiteurs au lit[2], on a renoncé à ces proportions magistrales. Les couchettes destinées aux grands personnages et même aux souverains, ne dépassent pas sensiblement les dimensions que nous venons d'indiquer comme normales.

Peu de meubles se sont prêtés et se prêtent à une ornementation plus riche que le lit. Les tapissiers emploient pour le garnir les étoffes les plus somptueuses, et sa charpente, si simple en son principe, fournit, elle aussi, le thème d'une foule de combinaisons extrêmement décoratives. Les sculptures les plus soignées, les dorures les plus brillantes, ne paraissent pas déplacées sur ces battants et ces chevets qui doivent enclore, pendant la moitié de

---

1. *L'Art du menuisier*, page 668.
2. Voir *Dictionnaire de l'ameublement*, tome III, col. 399.

son existence, leur heureux possesseur. Aussi l'ébéniste complète-t-il souvent le travail du menuisier par l'application de placages superbement nuancés, et le ciseleur par l'adjonction de bronzes achevés avec art. Mais comme les diverses parties du lit sont appelées à se trouver en contact direct avec le corps du dormeur, il importe que cette ornementation, quelque magnifique qu'elle puisse être, ne présente point d'aspérités trop saillantes ni de

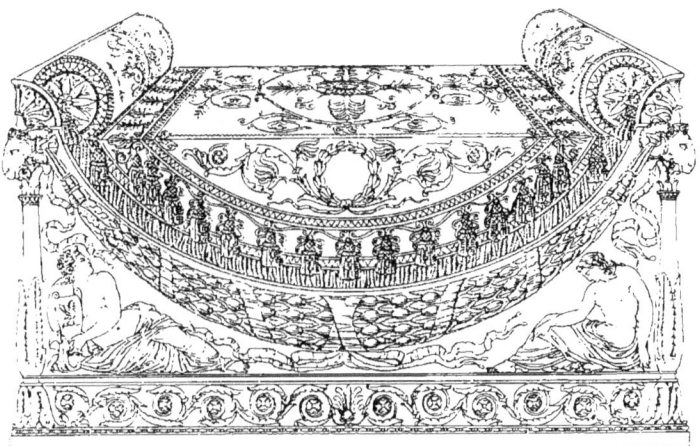

Fig. 64. — Lit en bateau dessiné par Percier.

profils aigus ou tranchants. Tous les reliefs accentués capables d'accrocher les garnitures et les vêtements ou de blesser la personne couchée, et qui, s'accusant par des cavités, se transforment à la longue en nids à poussière, doivent être évités avec soin. Il en va de même pour les sculptures trop délicates. Elles doivent être rejetées, surtout lorsque le lit est de côté, c'est-à-dire lorsqu'il adhère à la muraille par un de ses pans. Car il faut, dans ce cas, chaque fois qu'on en veut retourner les garnitures, tirer le lit au milieu de la chambre, et l'on risque, à chaque déplacement, de faire éclater ces fragiles ornements.

Nous avons dit que les noms si variés par lesquels on distingue les diverses sortes de lits, proviennent principalement de la disposition et de la garniture de leurs ciels. Cette garniture rentre presque exclusivement dans la compétence du tapissier. Généralement le menuisier se borne à fournir un cadre — ou un écoinçon quand le lit est en encoignure — que le tapissier habille ensuite plus ou moins artistement. Toutefois, pour certains de ces ciels, le contour extérieur demeure apparent. Dans ce cas, il arrive le plus souvent qu'on chantourne le bâti, qu'on le décore de denticules, de cannelures, de perles, etc. Dans les lits à colonnes, le rebord extérieur du cadre est ordinairement enrichi d'une frise sculptée, surmontée d'une riche moulure formant entablement. Enfin, dans les lits à impériale ou en dôme, le ciel, qui est double, nécessite un double châssis, dont la construction permet au menuisier de montrer son habileté dans la combinaison des coupes et des assemblages. Ces derniers ciels, toutefois, ayant cessé d'être en usage, nous n'insisterons pas sur les difficultés que présente leur exécution, parfois très savante.

Des Tables. — On donne en menuiserie le nom de tables à toutes les surfaces planes portées en l'air par un ou plusieurs pieds. On ne distingue pas moins de trente sortes de tables :

1º les tables à abattant; 2º les tables ambulantes ou correntilles; 3º les tables bureaux ou tables à écrire; 4º les tables à cabaret; 5º les tables chiffonnières; 6º les tables à crémaillères, dites aussi tables à la Tronchin; 7º les tables à la Dauphine; 8º les tables à écrire debout; 9º les tables d'encoignure; 10º les tables escaliers; 11º les tables de famille ou de compagnie; 12º les tables en fer à cheval; 13º les tables gigognes; 14º les tables à la grecque ou à la Pompadour; 15º les tables à jeu, comprenant : les tables à brelan, à quadrille, à reversi, à tri, à trictrac, à trois fins; 16º les tables machinées ou à transformations; 17º les tables à manger, à l'anglaise;

18° les tables à dessus de marbre; 19° les tables de nuit; 20° les tables à ouvrage, tricoteuses, etc.; 21° les tables à rallonges; 22° les tables rondes ou guéridons; 23° les tables de salon ou tables de luxe; 24° les tables servantes; 25° les tables de toilette; 26° les tables à tréteaux; 27° les tables à trompe; 28° les tables de lit; 29° les tables de cuisine, etc., etc.[1].

Les tables, on le voit par cette nomenclature, sont employées aux usages les plus divers, et leurs formes ainsi que leurs proportions varient d'après les services qu'elles sont destinées à rendre. Aussi, suivant les besoins, en fait-on de carrées, de rondes, d'ovales, de longues, de courtes, de hautes et de basses; avec tiroirs comme les tables à ouvrage et les tables-bureaux, ou sans tiroirs comme les tables de salon et les tables à manger; à un seul pied comme les tables à manger et les guéridons; à trois comme certaines tables à ouvrage ou à jeu, mais le plus souvent à quatre pieds. Appliquée à demeure contre la muraille et n'étant plus visible, par conséquent, que sur trois de ses faces, la table — soit que ses pieds continuent d'être droits, soit qu'ils se courbent en pieds-de-biche et qu'ils aillent buter en retraite — prend le nom de console.

Lorsque les tables sont construites pour une destination foncièrement usuelle, comme les tables-bureaux, les tables à manger, etc., leurs dimensions — hauteur, longueur et largeur — s'établissent suivant la convenance des personnes qui doivent en faire usage. Elles se règlent, au contraire, sur la grandeur et le style de l'appartement lorsqu'elles ont — comme, par exemple, les tables de salon — pour but exclusif de concourir à la décoration d'une pièce. C'est ce qui explique pourquoi ces dernières sont généralement plus élevées que les tables à écrire et les tables à manger. Néanmoins les tables de pure décoration dépassent rarement $0^m,78$ à $0^m,80$. Quant aux autres, leur

---

1. Toutes ces sortes de tables sont décrites dans le *Dictionnaire de l'ameublement*, tome IV, col. 1108 à 1137.

hauteur varie ordinairement entre $0^m,72$ et $0^m,75$, mais leurs dimensions, ne craignons pas de le redire, restent subordonnées aux convenances et à la commodité.

Nous ne parlerons pas des tables qui reposent sur des châssis pliants, des tréteaux ou des bâtis mobiles. Jadis elles étaient extrêmement employées; elles ne sont plus guère usitées aujourd'hui [1].

Nous passerons également sous silence les tables de cuisine, forcément grossières et primitives, et nous ne dirons que quelques mots des consoles et des tables de luxe ou de salon, dont les pieds, richement décorés, sont beaucoup plus l'œuvre du sculpteur que celle du menuisier proprement dit; car ce dernier se borne le plus souvent à en assembler les masses. — Ces tables, du reste, sont moins nombreuses qu'autrefois. Leur excès de richesse, en outre, n'a plus sa raison d'être, parce que, n'ayant plus dans nos pièces rétrécies le recul nécessaire pour les contempler de loin, il faut, quand on veut se rendre compte de la beauté des parties portantes, s'incliner ou se mettre à genoux. Leur construction, au surplus, ne diffère pas sensiblement des tables ordinaires.

Nous ajouterons que le principe de cette construction offre de grandes analogies avec la structure du tabouret. Toutes deux consistent dans la confection de quatre traverses qui viennent s'assembler à tenons et mortaises dans la partie supérieure de quatre pieds. Au lieu de couvrir ce bâti avec une garniture rembourrée, comme cela a lieu pour le siège dont nous parlons, on le surmonte d'une tablette ou d'un plateau en bois (voir fig. 65) fait d'un seul morceau ou de planches soigneusement assemblées dans un cadre et recouvertes parfois de marqueterie, d'une feuille de cuir,

---

1. Au XVIIe et au XVIIIe siècle, toutes les tables à manger et un grand nombre de tables à jouer étaient montées sur des tréteaux. On possède encore un certain nombre de ces meubles exécutés avec beaucoup de soin et d'une structure compliquée.

d'une bande de drap ou de velours, ou encore d'une plaque de marbre, quand la table se transforme en console.

Lorsque le plateau supérieur est à quatre angles droits, on a soin que ses proportions en longueur et largeur se rapprochent de celles que nous avons indiquées comme étant particulièrement agréables à l'œil dans un parallélo-

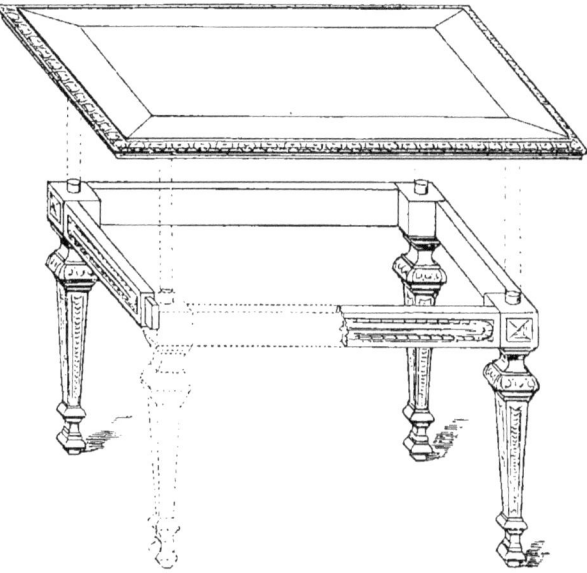

Fig. 65. — Structure de la table.

gramme (voir fig. 48 et 49). Cependant, lorsque la pièce dont la table occupe le milieu présente des dimensions exceptionnelles, lorsqu'elle est très ramassée ou très allongée, on est naturellement amené à faire varier dans le même sens le rapport de ces deux proportions.

Jadis les pieds de tables affectaient une taille exagérée. Au xvie siècle, ils constituaient de véritables morceaux d'architecture, enrichis de cariatides et d'arcades reposant sur d'énormes patins. Au xviie siècle, leur robustesse excessive continua, pendant plus de cinquante ans, à n'être nullement en rapport avec le poids relativement faible du plateau qu'ils avaient pour mission de supporter. Aujourd'hui, on construit encore de ces tables massives, aux pieds disproportionnés, mais seulement dans un but de décoration, et pour celles qui sont d'usage courant on a le bon esprit de ramener leur structure à des proportions s'harmonisant mieux avec le genre de services que ces meubles sont appelés à rendre. Malgré cela, les pieds de la table n'ont pas cessé, suivant les convenances ou les nécessités, de revêtir des formes variées. On en fait de droits, de carrés, de ronds, de tors, d'unis, de renflés, de moulurés, de sculptés en manière de gaines, de cariatides ou de balustres. Mais quel que soit leur aspect on a soin, comme taille et comme force, de les proportionner aux dimensions et au poids apparent du plateau. C'est aussi sur l'épaisseur, la largeur et la longueur de ce plateau que se règle l'importance du bâti sur lequel il repose.

Pour que l'œil soit satisfait, on accorde généralement à ce dernier quatre fois l'épaisseur du plateau; et comme celui-ci mesure ordinairement de deux à trois centimètres, dans la plupart des cas la hauteur du bâti en compte une dizaine. Ces proportions sont admises comme normales; elles comportent cependant quelques dérogations. L'adjonction des tiroirs notamment modifie ces dispositions; mais ces changements, quelle que soit leur nécessité ou leur opportunité, ne doivent jamais compromettre l'aplomb et la stabilité de la table. Il est clair, en effet, que la première qualité d'un meuble de ce genre est d'être solide sur ses pieds. Il doit le paraître aussi, car la contemplation d'une table qui menace de se renverser au moindre choc, ne laisse pas que d'être fort désagréable.

Lorsque la table est à quatre pieds, et lorsque ces pieds, de convenable force, situés aux extrémités du parallélogramme formé par le plateau, ne laissent déborder celui-ci que de quelques centimètres, l'œil ne peut guère être alarmé. Mais lorsque la table n'a qu'un seul pied, ou quand elle a été, pour la commodité du service, construite à abattants en portefeuille, ou enfin lorsque, pour une autre raison, le plateau déborde considérablement, — comme cela a lieu pour les tables à manger, où les pieds doivent être placés en retraite pour ne pas blesser les jambes des personnes assises, — alors il n'en est plus de même. Dans ces divers cas, le moindre choc peut jeter à bas tout l'édifice. Notre figure 66 montre comment — avec une table où l'écartement des pieds ne représente que le tiers de la largeur totale du plateau — un déplacement de très peu d'importance compromet l'équilibre du meuble. Il importe donc de prévenir ces sortes d'accidents. Quelques précautions permettront d'en venir

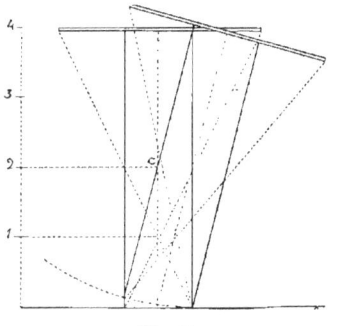

Fig. 66.

facilement à bout. Pour s'en convaincre, il suffit de recourir à une petite démonstration géométrique.

Supposons que nous ayons un plateau AB (voir fig. 67) et que nous voulions savoir quel écartement maximum il faut donner aux pieds qui le portent, pour que notre table soit suffisamment d'aplomb. Dans ce but, nous abaisserons du centre C de ce plateau une perpendiculaire ; nous rattacherons un point quelconque de cette perpendiculaire, C' par exemple, aux deux extrémités de notre plateau, et nous aurons ainsi un triangle isocèle ABC'. Pour trouver le centre de gravité de ce triangle, nous prendrons le milieu de nos deux lignes AC' et BC' et nous joindrons ce double milieu M et M' aux sommets A et B. Le point de jonction O nous fournira le centre de gravité de notre triangle. Eh bien, supposons maintenant que la ligne SS' qui passe par les deux points M et M' constitue notre sol. Élevons de ces deux derniers points deux perpendiculaires qui iront rejoindre notre plateau. Il en résultera une figure

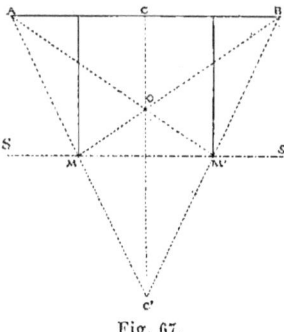
Fig. 67.

représentant la table que nous cherchons. L'écartement de la base est exactement la moitié du plateau, et le croisement des deux diagonales AM' et BM s'opère juste au tiers de la hauteur de la figure. Ce dernier fait est à retenir, car le point de jonction de ces deux diagonales peut dorénavant nous servir de repère.

Quelle que soit, en effet, la hauteur de la table, le rapport entre les dimensions de son plateau et l'écartement de ses pieds demeure identique, si le point de croisement des deux diagonales reste toujours proportionnellement le même (voir

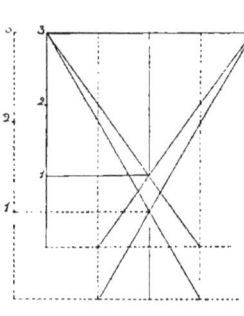
Fig. 68.

fig. 68). Ainsi, supposons que nos deux diagonales se coupent au quart de la hauteur. Eh bien, la largeur de la base, formée par elles au moment où elles toucheront le sol, égalera toujours le tiers du plateau. Supposons qu'elles se coupent au tiers, la base représentera toujours la moitié. Supposons qu'elles se coupent à la moitié, la base sera toujours égale au plateau, quelles que soient, du reste, la hauteur de la table et la largeur du plateau.

Pour en revenir à notre formule première, si la géométrie nous enseigne que les deux diagonales se coupant au tiers de la hauteur présentent un écartement suffisant pour assurer l'équilibre du meuble, l'œil, plus exigeant, ne se contente pas de cette solution. Il réclame davantage, et l'expérience démontre que, pour le satisfaire, les deux diagonales doivent se couper aux deux cinquièmes de la hauteur. De cette façon la base égale les deux tiers du plateau et présente, dans la pratique, non seulement une assiette d'une solidité plus que suffisante, mais encore pour l'œil un aspect tout à fait rassurant. Si ces précautions ont leur raison d'être pour les tables à quatre pieds, à plus forte raison sont-elles de mise pour les tables à pied central et pour les guéridons (voir fig. 69).

Les menuisiers toujours ingénieux ne se bornent pas, nous l'avons dit, à construire des tables simples. Ils en fabriquent dont le châssis, composé de pièces juxtaposées et glissant dans une emboîture, peut s'étendre à volonté. On

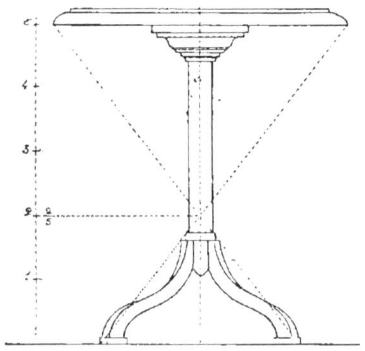

Fig. 69. — Guéridon dessiné par Roubo et conforme au diagramme.

nomme ces tables tables à rallonges. Ils en confectionnent aussi qui sont munies de tiroirs comme les tables à ouvrage, de caissons comme les tables de nuit; d'autres qui se plient et se développent comme les tables à jeu; qui s'élèvent ou s'abaissent comme les tables à crémaillère et les tables à la Tronchin; car il n'est presque pas de service auquel la table ne satisfasse. Chacune de ces sortes de tables comporte dans sa fabrication la solution d'un certain nombre de petits problèmes intéressants, et varie de construction et de forme suivant la destination qu'on lui assigne; mais les principes généraux que nous venons d'exposer sont toujours observés avec soin par le menuisier consciencieux et habile.

Les Écrans et les Paravents sont les derniers meubles

à bâtis dont il nous reste à parler. La construction des premiers est extrêmement simple. Ils se composent de deux montants assemblés dans deux patins, et réunis par deux traverses, dont l'une s'assemble avec les montants juste au-dessus des patins, et dont l'autre réunit les sommets de ces mêmes montants. Cette dernière traverse est, sur son épaisseur, faite de deux morceaux laissant un vide entre eux, de façon à livrer passage au châssis couvert d'étoffe qui constitue l'écran proprement dit. Quant à celui-ci, il se meut et glisse dans des rainures préalablement pratiquées dans les montants. Toutes ces pièces sont assemblées à tenons et mortaises.

Ces sortes de meubles, qui concourent à la décoration des appartements, sont susceptibles d'une ornementation riche et soignée. On sculpte assez souvent la partie supérieure du châssis et on l'orne, suivant le cas, d'un nœud ou d'une touffe de fleurs. On renforce parfois les montants en les cantonnant de colonnettes. Enfin le cadre formé par le bâti peut être allégé par des moulures, enrichi de perles, décoré de feuilles d'eau, de rais de cœur, etc. Pour le choix de ces ornements, on suit le style général du meuble, car l'écran se rattache, comme forme et comme décoration, aux sièges, tables, etc., qui garnissent la pièce.

Parfois, quand l'écran est très simple, on adapte à ses montants une petite table qui sert soit à écrire, soit à poser un livre ou tout autre objet. Cette petite table, généralement à abattant, se hausse et se baisse au moyen d'une crémaillère fixée sur le devant. On fait aussi des écrans portés sur un pied unique, et évoluant sur un pivot; mais cette disposition, fort usitée autrefois, est aujourd'hui peu appréciée.

La construction des PARAVENTS est plus simple encore que celle des écrans. Elle consiste dans la confection de châssis assemblés comme d'ordinaire, et consolidés par l'adjonction d'une traverse centrale. Ces châssis, qu'on

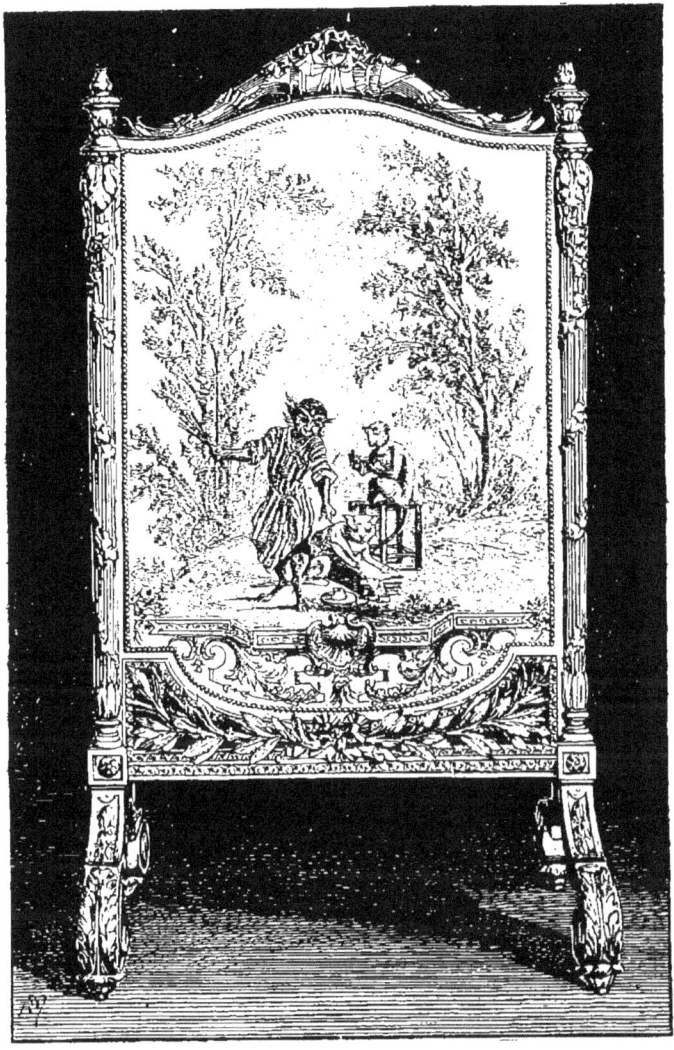

Fig. 70. — Écran en bois sculpté et doré garni de tapisserie.
(CHATEAU DE CHANTILLY.)

nomme « feuilles », sont réunis par des charnières à double évolution, permettant de développer les feuilles à volonté, soit dans un sens soit dans l'autre, et de les serrer au besoin les unes contre les autres, de façon à tenir le moins de place possible. Le nombre de ces feuilles est variable. Il est rarement inférieur à quatre ; il ne dépasse presque jamais huit. Au delà de ce chiffre, le meuble deviendrait trop lourd et cesserait, par conséquent, d'être d'un maniement facile.

Ces divers châssis sont recouverts par les tapissiers d'étoffe ou de papier. Le plus ordinairement l'étoffe cache complètement le cadre du châssis. Cependant on fait aussi des paravents à bois apparent. Dans ce cas, le bord extérieur, demeurant seul visible, est enrichi d'une moulure. Pour rendre ces meubles moins disgracieux, on en chantourne, parfois même on en cintre le sommet. Enfin on a soin que le châssis, comme largeur, comme forme et comme décoration, s'harmonise autant que possible avec l'étoffe choisie pour le recouvrir, et aussi avec l'ameublement de la pièce où il doit prendre place.

*
* *

Telles sont, résumées aussi brièvement qu'il nous a été possible, les principales opérations auxquelles l'art du menuisier donne lieu. Nous n'avons pas la prétention d'avoir décrit ces opérations d'une façon assez détaillée et assez complète pour que le lecteur se persuade qu'il en connaît désormais tous les secrets. Il serait téméraire, en effet, de penser que la lecture d'un livre, même bien fait, puisse tenir lieu de ces études spéciales et techniques qui seules forment le bon artisan. La sûreté du coup d'œil et la précision de la main ne peuvent s'acquérir que par une longue pratique. Aussi notre but est-il plus modeste.

Nous avons simplement essayé d'expliquer en quelques pages ce que cet art — trop peu connu du grand public et insuffisamment apprécié, bien qu'il ait été illustré par nombre de praticiens éminents — comporte d'ingéniosité et même de science. Nous nous sommes efforcé de montrer ce qu'il faut de logique, de talent, d'habileté et de goût pour exécuter d'une façon convenable non seulement les meubles somptueux qui ornent nos palais, mais ceux-là mêmes dont nous nous servons tous les jours. En un mot, nous nous déclarerons satisfait si nous sommes parvenu à éveiller l'attention de nos lecteurs sur ce qu'on peut appeler les « beautés de la menuiserie », et si leur esprit, intéressé à ces précieux travaux, éprouve désormais le besoin d'étudier plus à fond un art dans lequel notre pays a, depuis cinq siècles, montré une supériorité indiscutable.

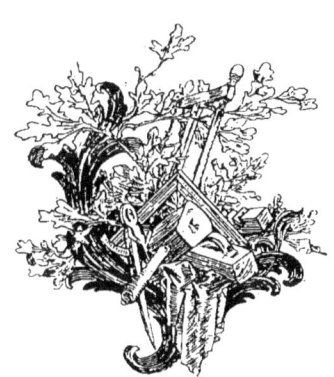

LA MENUISERIE

DEUXIÈME PARTIE

RÉSUMÉ HISTORIQUE

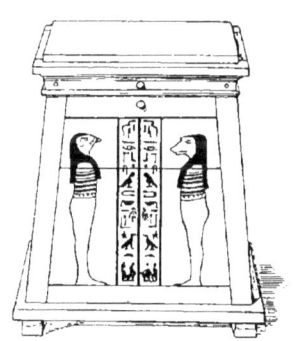

Fig. 72.

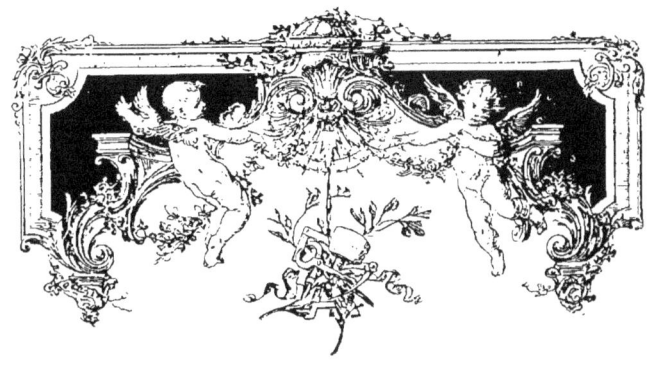

I

RÉFLEXIONS GÉNÉRALES. — LES PREMIERS AGES.
L'ART DU BOIS CHEZ LES ÉGYPTIENS.

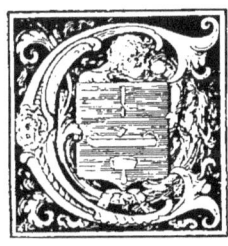omme celle de la plupart des autres arts de l'ameublement, l'histoire de la menuiserie peut se diviser en deux parties distinctes :

La première embrassant la technique du travail, et qu'on pourrait hardiment qualifier de scientifique, car, ainsi que nous l'avons expliqué plus haut, un certain nombre de coupes compliquées et d'assemblages auxquels les menuisiers recourent journellement, sont le résultat de tracés géométriques toujours fort ingénieux, parfois même savants ;

La seconde comprenant tout ce qui concerne la décoration, et qui peut, de ce chef, prétendre au titre d'artistique, car non seulement elle est parfois des plus remarquables au point de vue ornemental, mais encore, soit comme conception générale, soit comme adaptation de formes à des besoins précis, souvent elle ne laisse rien à reprendre.

Il s'en faut de beaucoup que la marche suivie à travers les âges par ces deux parties de l'art du menuisier soit identique. Alors que la décoration procède par soubresauts, se modifiant suivant le goût du jour, se transformant au souffle du caprice et de la fantaisie, la technique, elle, avance et progresse d'une façon régulière, normale en quelque sorte. Cette différence s'explique. Les procédés de fabrication transmis de génération en génération vont toujours en se perfectionnant. Chaque siècle apporte dans la main-d'œuvre un contingent de découvertes ou de simplifications trop profitables pour qu'on les laisse tomber en oubli. En outre, il augmente la provision d'outils permettant un travail plus rapide, plus facile, plus soigné. Ces outils, une fois entrés dans l'usage, y demeurent, et, de cette façon, à mesure que les années s'écoulent, la production se simplifie et s'améliore.

Les seuls arrêts subis par cette marche en avant, consistent dans une sorte d'assoupissement général auquel s'abandonne parfois une génération moins bien douée, ou distraite de son œuvre par les crises périodiques que traversent les nations. Alors on produit mécaniquement et par routine ce que précédemment on avait exécuté avec intelligence et par réflexion. Mais tout progrès accompli dans la main-d'œuvre demeure acquis, à condition, bien entendu, qu'il n'advienne pas quelqu'un de ces cataclysmes qui remettent brusquement en question une civilisation tout entière. Dans ce cas, les améliorations péniblement réalisées se trouvent comme perdues. Le monde retourne en arrière. La perfection relative à laquelle les différents arts étaient parvenus fait place à une barbarie nouvelle, et celle-ci remet en pratique ses méthodes rudimentaires, sur le sol même qui, grâce à des procédés savants, enfantait auparavant des œuvres justement admirées. A ces cataclysmes douloureux succède généralement une longue nuit après laquelle tout est à recommencer. L'histoire de l'humanité fournit malheureusement de trop nombreux exemples de ces recommencements en quelque sorte inéluctables.

Avec la décoration, les choses se passent d'une façon différente. S'il est vrai que, comme la technique, elle est soumise à toutes les catastrophes qui bouleversent le monde, elle dépend, en outre, dans la marche régulière des civilisations, de mille conditions contingentes auxquelles son associée n'est point assujettie. Le décorateur, en effet, n'est jamais le maître exclusif, absolu, du domaine qu'il exploite. Il n'a pas pour guide unique l'inspiration personnelle, aidée de l'éducation reçue et servie par l'expérience acquise. Il lui faut obéir au goût de ses contemporains, suivre la mode nouvelle, se conformer au degré de culture de la clientèle qu'il est obligé de servir. En sorte que, suivant le développement intellectuel et artistique de la société pour laquelle il travaille, — et sans que son habileté doive être mise en cause, — ses œuvres, une fois achevées, peuvent présenter les caractères essentiels d'une œuvre d'art, ou n'offrir qu'un aspect peu plaisant et un médiocre intérêt.

Ces divergences, au surplus, se manifestent avec une évidence d'autant plus grande, que le plus souvent — et nos incursions dans le passé vont nous permettre de le constater — la construction des meubles et leur décoration proviennent de mains différentes. Pour ce qui concerne notre pays notamment, jusqu'à la fin du siècle dernier, les règlements sévères qui déterminaient la sphère d'activité de chaque corporation, interdisaient à toute profession d'empiéter sur les prérogatives de ses rivales. Ainsi le menuisier construisait le bâti, ajustait les panneaux, poussait les moulures, exécutait parfois certains ornements en relief ; mais dès qu'il s'agissait de sculpter en plein bois une figure d'homme ou de femme remplissant les fonctions de cariatide, d'amortissement ou de support, il devait recourir aux bons offices de l'imagier et à ceux du peintre, s'il voulait, comme c'était alors l'usage, dorer son meuble et le peindre. Ce qui se passait en France au moyen âge avait également lieu dans les temps antérieurs. Dès lors, on ne saurait s'étonner des inégalités singulières qu'on relève entre la construction et la décoration de certains ouvrages appartenant aux époques anciennes.

Pour ne citer qu'un exemple, et pour le choisir aussi éloigné de nous que possible, les sarcophages égyptiens, d'une décoration si remarquable, couverts de peintures si élégamment distribuées, exécutées avec une finesse et un goût si particuliers, sont, comme charpenterie, des ouvrages très primitifs et d'une grossièreté relative. Le bois, dans toutes les parties demeurées visibles, est simplement équarri à la cognée. Le chevet, il est vrai, décrit une courbe remarquable, élégante et par conséquent difficile à exécuter. Il vient en outre se rattacher, par une nouvelle courbe très heureusement tracée, à la partie enveloppant les épaules, où le contour ressaute. Mais ces coupes ingénieuses ne sont pas pour surprendre ceux qui savent comment, depuis plus de mille ans, les Égyptiens taillaient le bois. Les merveilleux bas-reliefs envoyés en 1878 au Trocadéro par Mariette-bey, de curieuses statuettes de porteurs qu'on peut voir au Louvre et qui remontent à la quatrième dynastie, les cuillers et les objets de toilette d'une délicatesse si charmante, exposés dans ce même musée et qui datent des Ramessides, suffisent à nous édifier sur l'étonnante habileté des artistes de ces temps lointains. Des exécutants si parfaits ne devaient guère être embarrassés pour indiquer aux charpentiers égyptiens l'art de débiter une *grume* et de cintrer un contour.

En dépit de ces courbes savantes, les diverses pièces dont se composent ces sarcophages sont à peine corroyées; elles sont en outre réunies de la façon la plus élémentaire. Les parois latérales sont montées sur un plateau de fond qui dessine le plan de l'ouvrage, et retenues à ce fond par des chevilles énormes ou des clous enfoncés en plein bois. Enfin la planche qui ferme les pieds, et dont la mission est de consolider l'ouvrage, revêt la forme d'une espèce de T (voir fig. 75), également fixé aux côtés du coffre par d'autres chevilles gigantesques se croisant à angle droit.

Ce sont assurément, au point de vue de la technique, des ouvrages très rudimentaires. Eh bien, sur cette carcasse primitive se développe une ornementation exquise, d'une élégance rare et d'une étonnante originalité. Avec un soin délicat, le peintre a commencé par réparer les défec-

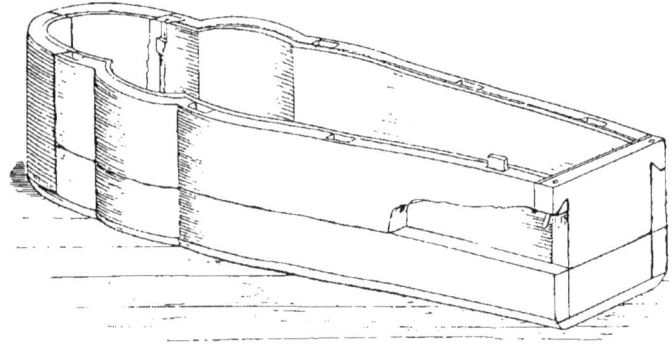

Fig. 75. — Structure d'un sarcophage égyptien.

tuosités du corroyage, en appliquant des couches successives d'un enduit fait de chaux ou de plâtre tamisé. Il a ainsi bouché les *fistules,* remédié aux éraillures laissées par le tranchant de la cognée, et, sur ce fond rendu uni, son pinceau a figuré des scènes religieuses, de longues théories de personnages et de dieux, des sacrifices pittoresques mêlés d'hiéroglyphes explicatifs, se développant en de longues bandes ou s'associant à d'ingénieuses arabesques, dont les courbes gracieuses rappellent les combinaisons décoratives des plus beaux cachemires.

Le contraste présenté par cette décoration luxuriante, s'épanouissant sur des coffres d'une exécution primitive, est d'autant plus frappant, que dès l'époque des Ramessides on fabriquait des meubles infiniment plus parfaits. Sans parler de deux sièges, une chaise et un tabouret, qui, s'ils appartiennent au temps qu'on leur assigne, prouveraient que les Égyptiens contemporains du moyen empire pratiquaient avec supériorité presque tous les modes d'assemblage usités de nos jours, un coffre carré provenant d'un chef du sacerdoce thébain nous montre ses quatre parois réunies par un assemblage à queues chevillées; alors qu'un coffret funéraire dans le genre des pylones égyptiens (voir fig. 72) offre la disposition en bâtis formés par la réunion de montants et de traverses, qui distingue les meubles modernes, avec cette différence, toutefois, que les panneaux, au lieu d'être embrevés dans une rainure, sont retenus par des tourillons minuscules.

On voit, par ce dernier exemple, que les artisans égyptiens qui travaillaient le bois, seize cents ans avant notre ère, pouvaient, comme leurs confrères actuels, prétendre au titre de menuisiers. Aussi la finesse et la perfection relative de ces curieux ouvrages accusent-elles davantage le contraste qu'on relève entre la décoration si ingénieusement remarquable et la construction rudimentaire des sarcophages décrits plus haut.

Mais c'est l'histoire de la menuiserie française, et non celle de la menuiserie égyptienne, que nous entendons retracer. Il nous faut donc quitter les rives du Nil pour les bords de la Seine, et franchir d'un bond une longue suite de siècles. Entre temps, plusieurs cataclysmes terribles se sont abattus sur le monde, emportant dans leur tourbillon les civilisations les plus raffinées. Aux périodes brillantes, marquées par l'éclosion des œuvres d'art les plus délicates, a succédé une de ces longues nuits dont nous venons de parler, et qui précèdent les perpétuels recommencements des destinées humaines.

II

L'ART DU BOIS EN FRANCE DU XIIIe AU XVe SIÈCLE. — LES CHARPENTIERS DE LA PETITE COGNÉE. — ORIGINE DE LA MENUISERIE FRANÇAISE.

Nous manquons de détails sur les meubles de bois exécutés dans la Gaule romaine. Les plus anciens ouvrages de ce genre fabriqués dans notre pays qui nous aient été conservés, et sur lesquels, par conséquent, nous puissions raisonner en connaissance de cause, ne remontent pas au delà du XIIIe siècle. C'est du moins à la première moitié de ce siècle qu'on attribue les deux coffres munis d'armatures de fer qui sont conservés au musée Carnavalet et dans la collection Peyre; alors que les armoires justement célèbres de Noyon, de Bayeux, et peut-être aussi celle, plus simple, plus modeste, mais non moins curieuse, d'Obasine, datent de sa seconde moitié.

Comme travail d'assemblage, les deux coffres de Paris sont loin d'être supérieurs aux sarcophages égyptiens dont nous parlons plus haut. Les planches grossières qui en forment les côtés sont reliées aux quatre pieds par un assemblage à rainure et languette que consolide une armature de fer extrêmement compliquée (voir fig. 76 et 77). Ce ne sont plus seulement des clous énormes qui concourent à la solidité de l'ouvrage. Des verges de fer, forgées avec beaucoup d'art et se repliant en rinceaux gracieux, enveloppent l'extérieur du coffre, présentant, comme facture et comme dessin, une analogie frappante avec les riches pentures chargées de maintenir les plateaux juxtaposés dont étaient alors formées les portes des églises.

Ainsi, en ces temps lointains, la mise en œuvre du bois était subordonnée à un art plus complet, plus maître de ses moyens. C'était au métal qu'on demandait la consolidation des meubles de prix. C'était également lui qui, avec ses beaux enroulements, fournissait leur principale parure. Du reste, l'art du fer, très supérieur alors à celui du bois, était destiné à garder son avance jusqu'à la fin du moyen âge, et les beaux coffres du xve siècle, qui sont l'honneur de nos musées et de nos grandes collections, se recommandent plus encore par la surprenante complication et l'étonnante richesse de leur serrurerie que par leur exécution propre.

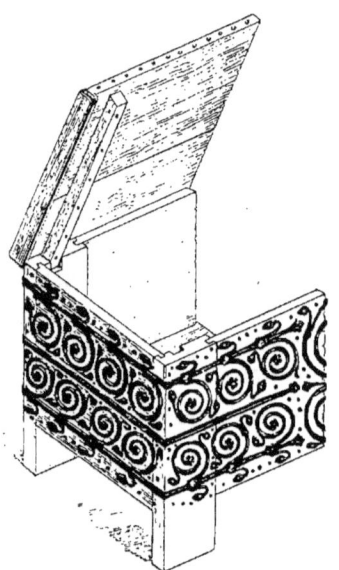

Fig. 76. — Structure et détail d'exécution du coffre de la ville de Paris.

Subordonné au fer pour ce qui concernait la solidité du travail, le bois n'était guère mieux traité pour ce qui regardait sa mise en œuvre particulière. Bien que les ouvriers du xiiie siècle se trouvassent en possession de la scie, outil précieux dont les Égyptiens ne paraissent pas avoir fait usage, et dont on attribue l'invention aux Romains [1], leurs plateaux continuaient d'être débités à la cognée et au couteau. Cette particularité explique pourquoi les nombreux artisans qui travaillaient alors cette flexible matière étaient

---

1. Il est question de la scie dans l'Ancien Testament ; mais l'instrument qu'on désigne sous ce nom est-il bien celui que nous connaissons aujourd'hui ? Le fait mériterait qu'on l'éclaircît. Par contre, divers manuscrits de l'époque carlovingienne montrent des scies analogues à celles dont se servent encore les scieurs de long. (Voir notamment Bibl. nat., Bible latine, mss 6-3, et Viollet-le-Duc, *Dictionnaire du mobilier*, tome II, p. 529.)

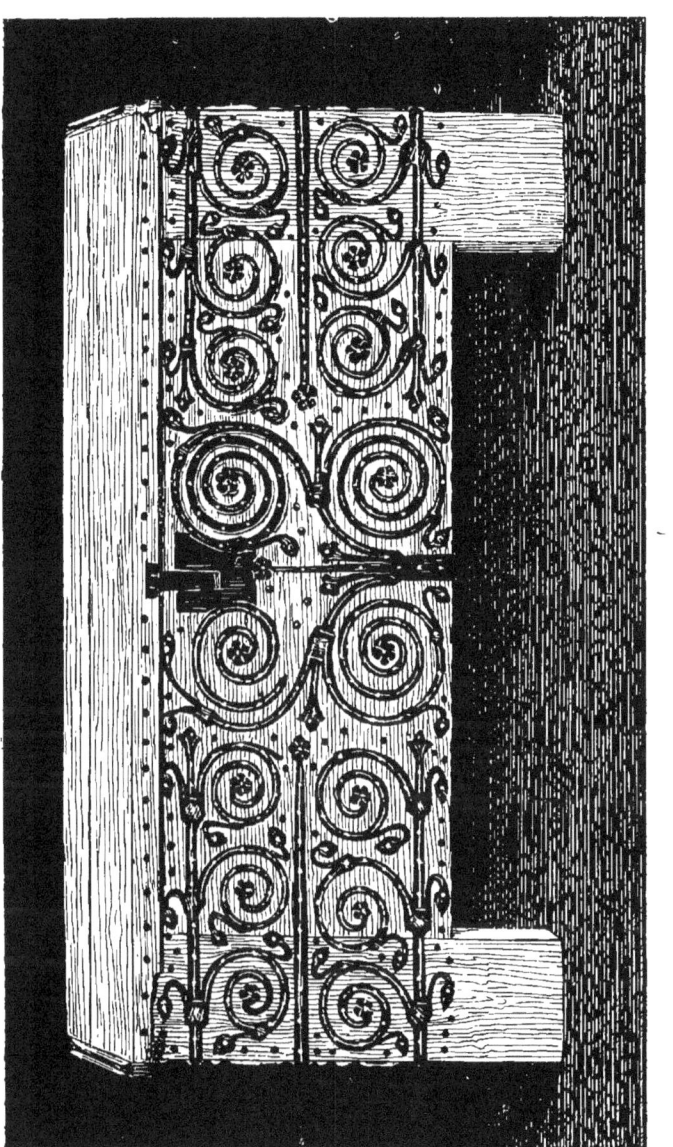

Fig. 77. — Coffre du XIIIe siècle. (MUSÉE DE LA VILLE DE PARIS.)

légalement désignés sous le nom de « toutes manières d'ouvriers qui euvrent du trenchant en merrien[1] » et divisés par l'habitude en deux classes principales : les *charpentiers de la grande cognée* et ceux de la *petite cognée,* la dimension de l'outil désignant suffisamment la taille et l'importance des ouvrages que chacun de ces deux groupes d'artisans exécutait d'une façon plus spéciale[2].

Il ne faut point s'étonner, après cela, si les deux coffres dont nous parlons sont de véritables ouvrages de charpenterie. On en peut dire autant de l'armoire d'Obasine, et quoique sa forme (voir fig. 78) affecte quelques prétentions architecturales, la façon du bois n'y est pas sensiblement meilleure. Ajoutons qu'à cette époque — le besoin de magnificence se faisant déjà vivement sentir — on cherchait à dissimuler ce que ce travail avait de primitif et d'imparfait, non seulement par l'adjonction d'armatures extérieures soigneusement ouvrées, mais encore par des peintures, sinon fort artistement traitées, du moins très décoratives.

Le livre si curieux auquel le moine Théophile donna le nom d'*Essai sur divers arts,* nous fournit sur ce point de curieux renseignements[3]; et comme ce livre, sur la date duquel on n'est pas très d'accord, est, de toutes façons, antérieur au xiv° siècle, il est assez présumable que ses prescriptions furent en partie suivies dans la confection des bel-

---

1. C'est-à-dire qui travaillent le merrain (ou bois) avec des outils tranchants (*Livre des mestiers* d'Étienne Boileau, titre XLVII, p. 86).
2. Au xv° siècle, comme nous l'expliquons plus loin, les charpentiers de la petite cognée prirent le nom de menuisiers. Bien que cette désignation nouvelle établit entre les deux professions une distinction suffisante; cependant, par un sentiment assurément exagéré de l'importance de leurs travaux, les charpentiers proprement dits continuèrent, jusqu'à la fin du xvi° siècle, de joindre à leur qualification professionnelle ces mots : « de la grande cognée. » Nous avons retrouvé cette qualification encore usitée à Paris en 1573 et 1577 dans des actes notariés. (Voir *Dictionnaire de l'ameublement et de la décoration*, tome Ier, col. 749.)
3. Voir *Diversarum artium schedula*, livre Ier, chap. xvii.

les armoires peintes de Noyon et de Bayeux. Il est dit dans cet *Essai* que les planches destinées à former les panneaux des meubles doivent être réunies avec soin, grâce à un appareil dont se servent ordinairement les tonneliers et les charpentiers pour joindre leurs diverses pièces[1], et assujet-

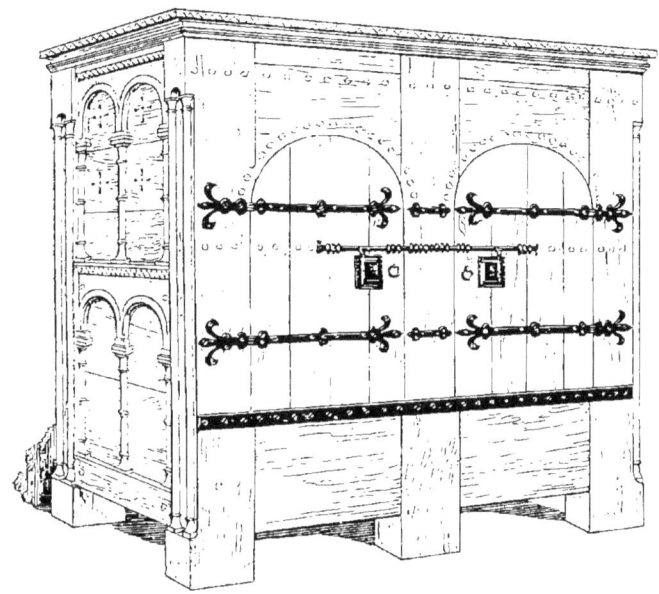

Fig. 78. — Armoire d'Obasine (fin du XIIIe siècle).

ties à l'aide d'une « colle de fromage » dont la recette nous est donnée. « Les tables réunies au moyen de cette colle, une fois séchées, ajoute notre auteur, adhèrent si solidement que l'humidité ni la chaleur ne les peuvent disjoindre. » Cet assemblage très primitif une fois exécuté, on corroyait les planches, puis on s'occupait de les décorer; mais, ces meubles étant appelés à servir journellement et se trou-

1. C'est-à-dire de serre-joints.

vant, par conséquent, exposés, dans des habitations mal closes, à toutes les variations atmosphériques, pour prévenir les accidents on recourait à une précaution ingénieuse. On prenait des bandes de peau de cheval, de bœuf ou d'âne, longuement macérée dans l'eau, et dont on avait raclé les poils ; on maroufflait cette peau sur les panneaux préalablement enduits de la fameuse colle au fromage dont il a été déjà parlé, puis on pressait le tout et on laissait lentement sécher. Quand la peau était bien sèche, on appliquait au pinceau et en plusieurs couches un léger enduit de plâtre soigneusement tamisé, et sur cet enduit on exécutait la peinture.

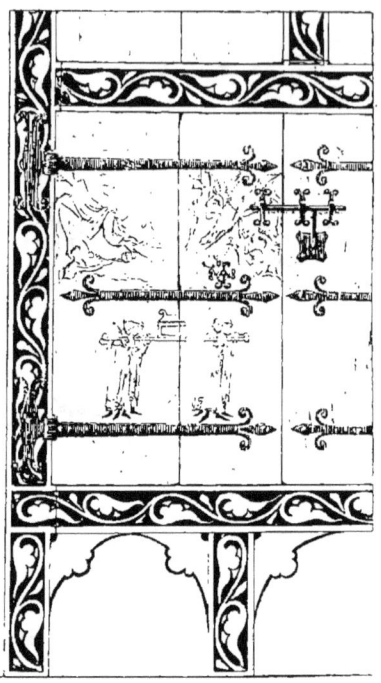

Fig. 79. — Détail de l'exécution et des peintures de l'armoire de Bayeux (XIIIᵉ siècle).

A défaut de cuir on employait parfois de la toile de lin, et l'effet obtenu était presque le même, car cette superposition d'une bande d'étoffe ou de peau avait à la fois pour but : 1° d'empêcher les ais de se coffiner ou de se disjoindre, et 2° de fournir une surface assez plane pour permettre de peindre dessus. Enfin quand les planches étaient bien sèches, l'enduit était directement appliqué sur le bois. C'est de cette dernière façon que furent exécutées les armoires de Noyon et de Bayeux, si justement célèbres.

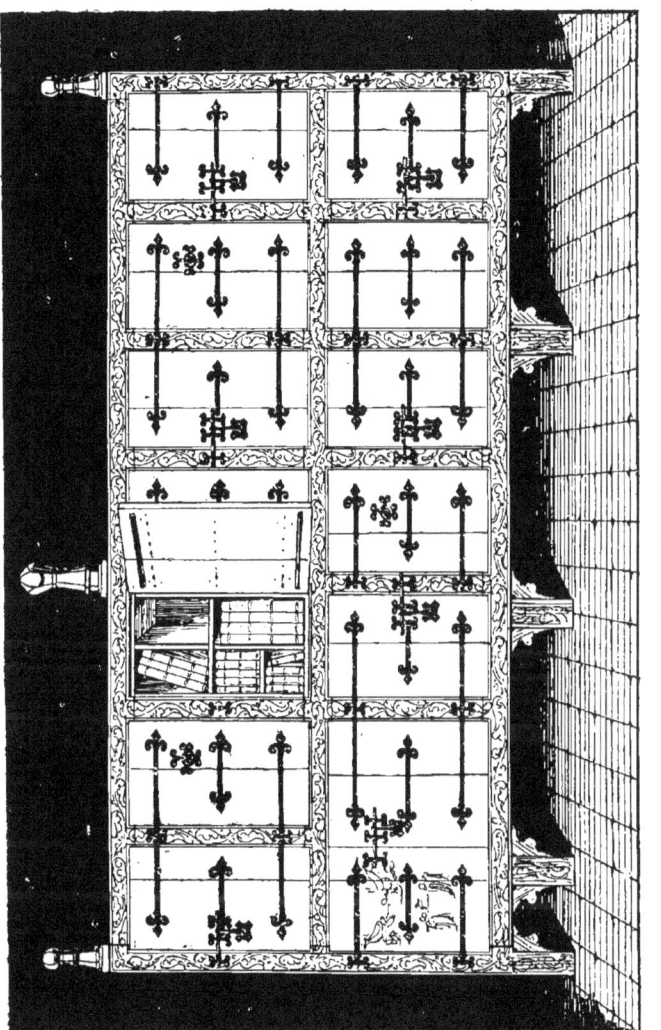

Fig. 80. — Armoire de la cathédrale de Bayeux (XIIIe siècle).

Au XIVe siècle, on renonça à ces procédés quelque peu primitifs. Grâce à l'invention du rabot, on obtint des surfaces suffisamment lisses pour recevoir directement la couleur; alors que la découverte de la peinture à l'huile permit de se passer de l'enduit de plâtre auquel on était précédemment obligé de recourir. Car — il ne faut pas l'oublier — les meubles et les lambris continuèrent, jusqu'au milieu du XVIe siècle, de recevoir des applications de couleurs. Le fait est attesté par un grand nombre de *Comptes* relatifs à des travaux de ce genre, depuis le versement de huit livres, effectué en 1397 au célèbre Colart de Laon, « paintre demourant à Paris, pour avoir paint unes aulmoires par dedens et dehors, où la royne met ses reliquaires[1] », jusqu'aux payements faits, par ordre de François Ier, à Barthélemy da Miniato, à Germain Musnier, à Baptiste Baigne-Caval et autres peintres renommés, pour avoir décoré de scènes de mythologie les volets des armoires qui ornaient son cabinet de Fontainebleau[2].

Tout le monde sait à quelle époque la peinture à l'huile devint d'un emploi courant. L'invention du rabot, qui allait rendre à l'art du bois des services si précieux, remonte

1. *Comptes de l'argenterie de la reine Isabeau de Bavière.*
2. *Comptes des bastimens* de 1540 à 1550. L'importance de ces peintures et leur valeur considérable relativement au prix du bois, expliquent comment les peintres de la Maison du roi, chargés de la décoration de ces beaux meubles, eurent, pendant tout le XIIIe et le XIVe siècle, le privilège de les fournir. C'est ainsi que dans les *Comptes d'Étienne de la Fontaine, argentier du roi Jean* (1352), on note des payements faits à « maistre Girart d'Orliens, » peintre et valet de chambre du roi « pour le fût et façon » non seulement de chaises faites pour le roi et destinées à sa chambre, mais encore pour des chaises peintes livrées pour les appartements du Dauphin, du duc d'Orléans, du duc de Bourbon, du comte d'Anjou, etc. Un autre *Compte* de 1399 nous apprend que Pierre Balloche, « peintre demourant à Paris » fit une livraison de même nature à « messire Loys de France. » On pourait citer d'autres fournitures de meubles peints, effectuées en 1401 par le célèbre « Girard Blommeteau », et en 1484 par Jean Bourdichon le peintre du *Livre d'heures* d'Anne de Bretagne.

LA MENUISERIE 117

également au milieu du xive siècle. Du moins, tout semble lui assigner cette date. Le moine Théophile prend soin, en effet, de nous indiquer que de son temps cet outil n'était

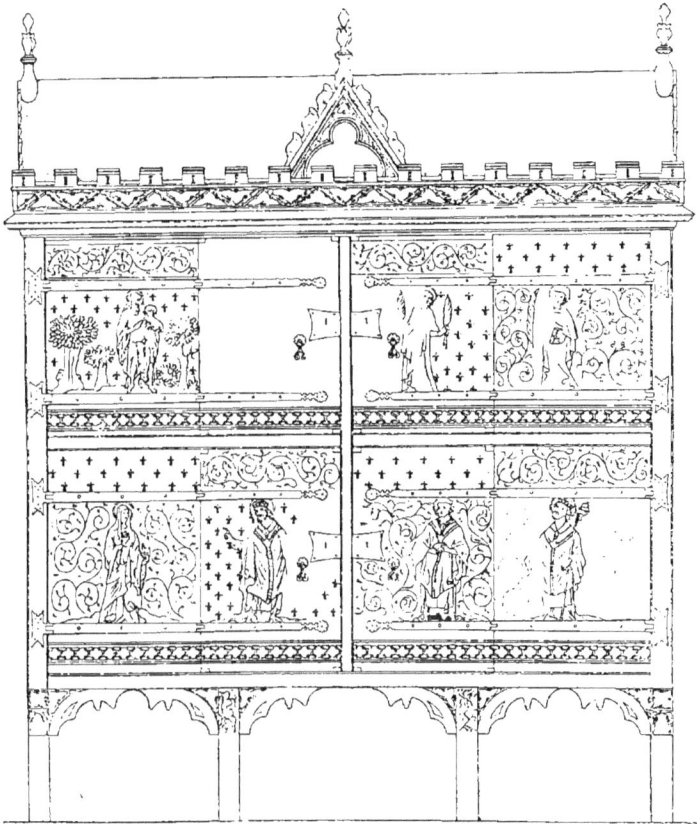

Fig. 81. — Armoire de la cathédrale de Noyon (xiiie siècle).

pas encore connu. L'instrument qu'il décrit comme servant à corroyer le bois consistait en une lame de fer courbe et tranchante à sa partie inférieure, munie sur les côtés de deux poignées permettant de tirer le fer à soi. C'était, somme toute, une espèce de racloir analogue à ceux que

118 LA MENUISERIE

les bouchers emploient encore de nos jours pour nettoyer leurs tables et leurs étaux. D'autre part, nous savons qu'à la fin du xiv° siècle le frère de Charles VI, Louis d'Orléans, ayant pris pour emblème un bâton noueux, le duc de Bourgogne, son ennemi personnel, choisit immédiatement un rabot comme armes parlantes, et la menace fut suivie de près par l'assassinat de la rue Barbette [1]. A ce moment, le rabot était donc employé couramment depuis quelque temps déjà. Une fois le principe de ce précieux outil trouvé, toutes ses variétés, la *varlope*, le *guillaume*, le *riflard*, le *bouvet*, vinrent rapidement grossir l'arsenal des artisans du bois, et revêtirent sinon la forme qui leur a été conservée depuis, du moins une forme approchante. Notre figure 82 montre un ouvrier de la fin du xv° siècle se servant d'un petit rabot pour dresser une flèche. Dans une autre vignette, presque du même temps (fig. 89), on

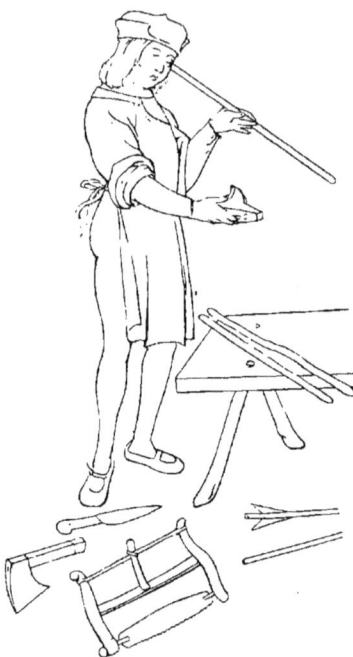

Fig. 82. — Menuisier se servant d'un rabot, d'après une miniature du ms. n° 5066.
(BIBLIOTHÈQUE DE L'ARSENAL.)

---

1. Jean sans Peur fit broder cet emblème singulier sur la livrée de ses serviteurs. Un *Compte de Robert le Bailleur, trésorier de Bourgogne*, daté de 1412, nous apprend que les houppelandes des pages et palefreniers du duc étaient semées de rabots et de copeaux de laiton doré. Un autre *Compte de Jean de Noirdent* (1415-1418) porte qu'on broda sur les manches des palefreniers et des pages « un rabot et des rabotures faites par-dessous ».

voit un menuisier corroyant une pièce de bois à l'aide d'un guillaume. Deux miniatures ainsi qu'un bas-relief en bois sculpté provenant des magasins de l'abbaye de Saint-Denis, nous apprennent que la principale différence existant entre les rabots du xve siècle et ceux de nos jours, c'est que les premiers étaient munis de deux poignées, une à chaque extrémité, permettant à celui qui poussait l'outil de donner plus de force.

Grâce au corroyage perfectionné qu'à l'aide du rabot on pouvait désormais obtenir, toute une révolution s'opéra dans la construction des meubles, — révolution extrêmement intéressante et qui allait, en donnant naissance à la menuiserie proprement dite, transformer la mise en œuvre du bois en un art véritable.

L'armoire de Noyon aussi bien du reste que celle d'Obasine, montrent que les charpentiers du vieux temps ne se faisaient point faute de s'inspirer de l'architecture. Si l'on peut, en effet, trouver à l'armoire d'Obasine un faux air d'arc de triomphe, on est encore mieux fondé à prétendre que celle de Noyon affecte les allures d'une véritable maison. Il n'est pas jusqu'à son toit à double pente, à sa lucarne et à ses créneaux, qui ne semblent quelque peu déplacés sur un meuble de ce genre. A l'époque où nous sommes parvenus, ce ne sont plus seulement leurs formes générales que le charpentier — à l'instar de l'orfèvre — va emprunter aux édifices de son temps, mais bien leur mode même de construction.

On sait quelle transformation radicale l'art ogival introduisit dans la façon de bâtir. Avant son apparition, les architectes, pour supporter la charge de leurs voûtes en berceau, édifiaient des murs pleins, sur lesquels le poids énorme de ces voûtes se trouvait également réparti. A cette maçonnerie compacte et pesante l'art ogival substitua des piliers assez espacés, reliés entre eux par des arcs en tiers-point et formant une ossature extrêmement solide, dont on garnit après coup les interstices à l'aide de légers murs de remplissage. Eh bien, dès qu'ils furent en possession d'un outillage assez perfectionné pour apprêter convenablement leurs bois, les charpentiers de la petite cognée — huchiers, escriniers, etc. — s'empressèrent de suivre cet ingénieux exemple. Ils cessèrent de fabriquer les diverses parois de leurs coffres avec des planches simplement équarries, taillées tout d'une venue et consolidées par des armatures métalliques. A l'instar des architectes, ils construisirent une membrure logique, formée de pièces de bois de calibre convenable, bien dressées, soigneusement corroyées, reliées ensemble par de solides assemblages à tenons et mortaises, et dans la succession des cadres formés par cette membrure, ils *embrevèrent* des panneaux légers, chargés de jouer le rôle de murs de remplissage (voir fig. 50).

Cette transformation savante dota les gros meubles d'une statique nouvelle. Elle assura leur conservation, car le bois a d'autant moins de tendance à jouer et à se fendre, qu'il est employé par masses plus réduites. Elle les débarrassa en outre, et pour toujours, de ces armatures extérieures qui jusque-là avaient consolidé l'ouvrage. Aux rinceaux de métal et aux longs clous elle substitua, nous l'avons dit, toute une série d'assemblages maintenus par de simples chevilles. Elle émancipa ainsi l'art du bois de la tutelle dans laquelle l'art du fer l'avait tenu jusque-là. Enfin, par cette division ingénieuse des surfaces en montants, traverses et panneaux, le charpentier de la petite cognée ayant été naturellement amené à se servir de *menus* bois, au lieu de grandes planches épaisses et lourdes, la *menuiserie* prit naissance. On voit, par cette simple constatation, combien nos écrivains d'art ont tort d'employer le terme de menuiserie pour qualifier les meubles grossiers du xiie et du xiiie siècle, et quelle erreur certains d'entre eux commettent quand ils parlent de l'existence de corporations de menuisiers chez les Gaulois.

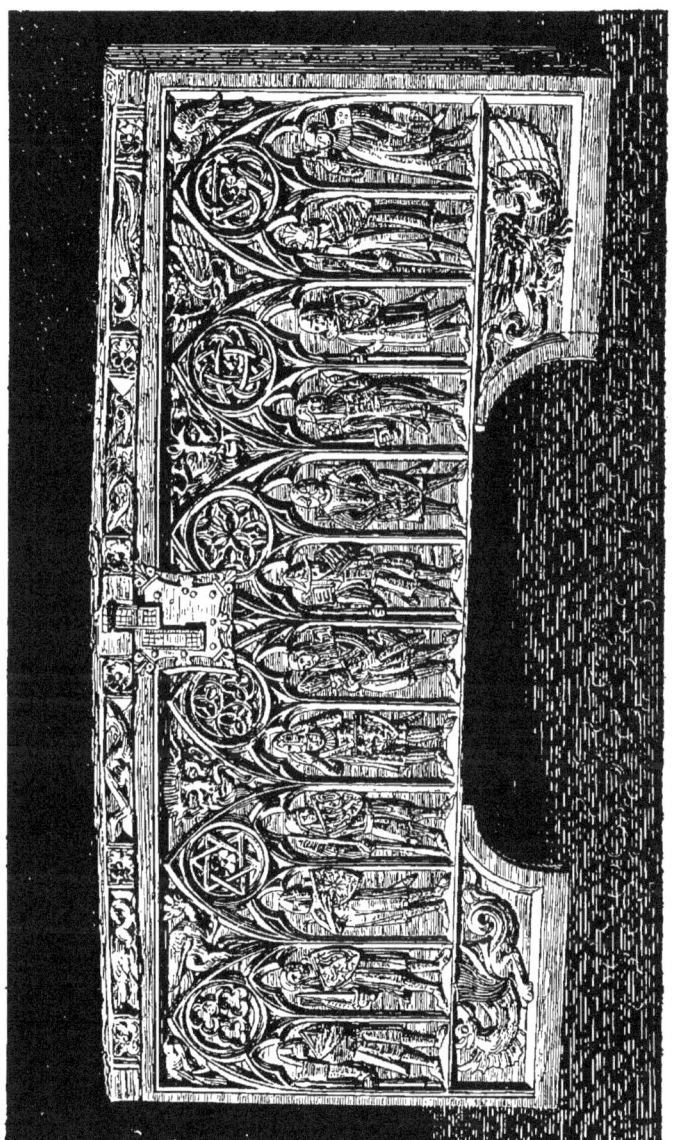

Fig. 83. — Grand coffre en bois sculpté du xivᵉ siècle. (MUSÉE DE CLUNY.)

A quelle époque exactement cette transformation décisive s'opéra-t-elle? Très vraisemblablement aux environs de 1350. Roubo écrit qu'un *Arrêt* rendu le 4 septembre 1382 et qui augmentait les *Statuts* des huchiers, ordonna qu'on distinguerait à l'avenir ces artisans en les qualifiant de menuisiers, « du mot *minutarius* ou *minutiarius,* ajoute Roubo, ce qui signifie un ouvrier qui travaille à de menus ouvrages ». Après Roubo, la Curne de Sainte-Palaye et Littré, qui copie, sans doute, ce dernier, se réfèrent à ce même *Arrêt,* que M. Alfred Franklin[1] a vainement, depuis lors, cherché dans les registres du Châtelet, déposés soit à la Bibliothèque nationale, soit aux Archives, mais dont M. de Champeaux paraît avoir eu connaissance[2]. Quoi qu'il en soit, nous n'avons pas rencontré avant l'année 1457 la qualification de menuisier régulièrement employée dans les *Comptes* et *Mémoires*[3]; et quant aux documents officiels, nous rappellerons que dans la confirmation des *Statuts* accordée en 1467 par Louis XI aux maîtres charpentiers, il est uniquement question de huchiers, et que les huchiers figurent seuls dans l'*Ordonnance* de cette même année qui enrégimentait tous les métiers parisiens. Bien mieux, c'est seulement dans les nouveaux *Statuts* attribués par Henri III à la corporation des charpentiers que l'on relève le titre de « huchier-menuisier », définitivement consigné dans une pièce ayant un caractère décisif. Mais alors qu'on aurait

---

1. Voir *les Corporations ouvrières de Paris*, par Alfred Franklin (*Menuisier ébéniste*, p. 3).
2. Voir *le Meuble*, tome Ier, p. 52.
3. Les deux premiers artisans qualifiés menuisiers dont nous ayons relevé la trace, sont Noël Boulet et Jean Duperray, qui figurent sur les *Comptes du roi René* à l'année 1457. Les *Comptes de la Chambre de Louis XI* mentionnent, à l'année 1478, Jacotin Blot, « menuysier demourant à Tours », et à l'année 1481, Jacquet Cadot, Jean Aubry, Michel Thélope et André Andouard avec le même titre. Enfin la *Farce des cris de Paris*, composée vers 1480, parle aussi des menuisiers. C'est donc entre 1450 et 1480 que l'on peut placer à peu près sûrement l'adoption générale de cette appellation nouvelle.

continué jusqu'à nos jours de les appeler Huchiers, comme cela avait lieu autrefois dans l'Ile-de-France, la Touraine et l'Anjou, ou Escriniers, comme on les nommait en Flandre et en Lorraine, ou encore Fustiers, suivant le terme en usage dans le Comtat, la Provence, le Languedoc et la Guyenne, cela ne saurait empêcher que ces artisans n'aient, dès 1350, employé des « menus bois » pour leurs travaux et que, dès cette époque, une grande révolution dans la construction des meubles n'ait donné naissance à ce qu'on devait, par la suite, appeler la menuiserie.

Ajoutons que cette révolution si intéressante n'aurait point été complète si son contre-coup ne s'était fait sentir dans la décoration. Un nouveau système d'ornementation naquit, en quelque sorte spontanément, de la disposition que présentèrent désormais les parois extérieures des coffres et des armoires. Ces parois n'étant plus formées de longues planches unies, mais composées d'une suite de cadres et de panneaux se succédant à intervalles réguliers, forcèrent le décorateur à tenir compte, dans la distribution de ses ornements, de ces lignes architecturales; en même temps que la diversité des plans, rompant la monotonie de ces longues surfaces, rendait indispensable la collaboration du sculpteur.

Ce n'est pas que jusque-là l'imagier se fût privé d'intervenir dans ces sortes de travaux. Les admirables portes romanes de la cathédrale du Puy, qui remontent au XIIe siècle, et le superbe coffre du XIVe, orné de médaillons quadrilobés et de personnages abrités sous des arcades infiniment gracieuses, que possède le musée de Cluny, le prouvent assez (voir fig. 83). Du reste, à défaut de meubles parvenus jusqu'à nous, les vieux *Comptes*[1] suffiraient pour nous édifier sur la participation des sculpteurs à la confection des meu-

---

1. Les *Comptes de Geoffroy de Fleuri* (1316), pour ne citer que les plus anciens, nous apprennent que l'imagier Martin Maalot fournis-

bles de prix. Mais au lieu de ne suivre que les inspirations de leur verve et de limiter leur travail à une sorte de gravure en taille d'épargne, ces artistes, opérant sur des surfaces en retrait, protégées contre les chocs et les heurts par des cadres saillants, purent accuser leurs ornements par des reliefs plus délicatement traités, et donner à ces reliefs, avec un modelé précis, toute la finesse et toute l'élégance dont ils étaient susceptibles.

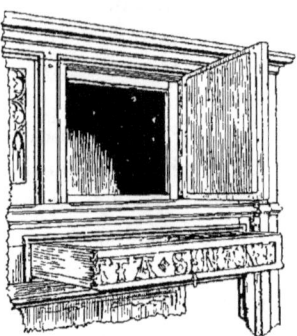

Fig. 84. — Structure intérieure du petit dressoir appartenant au musée de Cluny (voir fig. 85).

Remarquons encore que la préoccupation architecturale — point de départ de cette transformation si typique dans la structure des meubles — se traduisit également dans le choix des ornements dont les panneaux furent décorés. La plupart de ceux-ci se couvrirent de formettes lobées et d'orbevoies, rappelant les fenêtres des palais et des églises, en même temps que dans les gros meubles, et notamment dans les armoires à deux corps, les montants des cadres prirent un aspect pyramidant, simulant les contreforts alors très usités dans l'architecture civile et religieuse.

Cette évolution de notre mobilier eut les conséquences les meilleures, les plus fécondes. Les formes essentielles, fermement écrites au dehors et bien lisibles, imprimèrent aux œuvres du menuisier une franchise et une logique de construction qu'elles étaient loin d'avoir auparavant. Les fines sculptures des panneaux, qui, — lorsque l'art ogival se mit à flamboyer, prirent une efflorescence d'autant plus

---

sait le roi Philippe le Long de sièges sculptés (*Comptes de l'argenterie des rois de France*, tome Ier, p. 17).

remarquable que la fibre du bois se prêtait admirablement aux caprices fleuris du décorateur, — ces sculptures, disons-nous, purent se faire particulièrement délicates, étant protégées par la saillie des cadres. Enfin, les traverses et les montants protecteurs, formant des champs unis, cons-

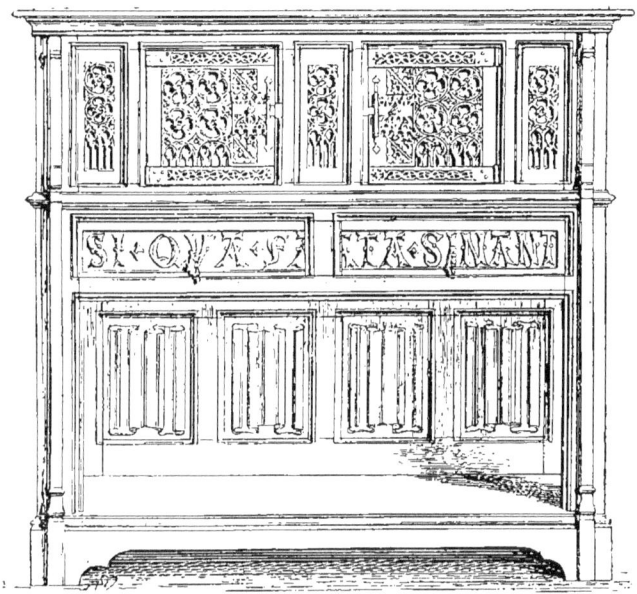

Fig. 85. — Petit dressoir de la fin du XVᵉ siècle.
(MUSÉE DE CLUNY.)

tituèrent des *repos* pour l'œil, et de la sorte, en même temps qu'ils conservaient aux meubles les plus finement fouillés une solidité bien apparente et laissant à l'esprit une absolue tranquillité, les cadres firent encore mieux valoir l'aimable décoration des panneaux.

Est-ce à dire que la fabrication de ces beaux ouvrages puisse être déclarée absolument parfaite au point de vue artistique, et exempte de toute faiblesse dans l'exécution ?

Nullement. On y trouve souvent à reprendre des simulations condamnables, et parfois des insuffisances de main-d'œuvre. Ne voulant pas que les parements de ses cadres se terminassent intérieurement par une arête vive, — ce qui aurait donné à ses traverses et à ses montants un aspect brutal et par trop contrastant avec les agréables sculptures de ses panneaux, — le menuisier prit soin, tout d'abord, d'abattre ces arêtes en chanfrein. Puis il les orna par la suite d'un profil. Mais, ne connaissant pas encore l'assemblage à bouement (voir page 34), il n'hésita point à trancher carrément sa moulure verticale (voir fig. 84 et 85), au lieu de le faire suivant un angle de 45 degrés. Or cette section, lorsqu'on examine le travail de près, produit un effet assez fâcheux à l'œil, parce que les lignes formées par la décoration sont maladroitement coupées, et ne coïncident pas exactement avec celles de l'architecture du meuble.

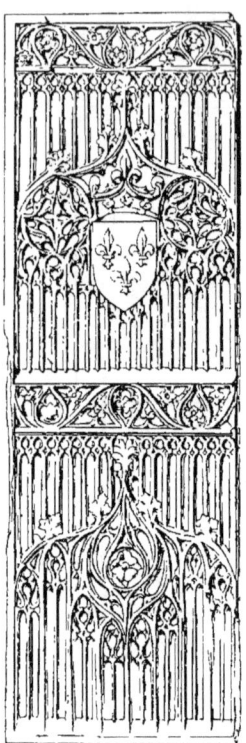

Fig. 86. — Plateau sculpté d'un seul morceau et figurant la division en panneaux (XVᵉ siècle).

En outre, il est facile de voir, par la construction même des vantaux de certains meubles, que le menuisier, épris de la disposition si logique des surfaces distribuées en cadres et en panneaux, mais ne possédant pas encore suffisamment la pratique des assemblages délicats, était parfois forcé d'employer un subterfuge. Nombre de vantaux, en effet, sont exécutés d'un seul morceau, sur lequel le sculpteur s'est appliqué à simuler un panneau encadré, en creusant légèrement la partie centrale du vantail, en la décorant avec soin et en laissant autour un champ uni formant encadrement. Puis, pour remédier à ce que cette simulation avait de fautif au point de vue de la solidité, et pour empêcher ses battants de se fendre, le menuisier les consolidait soit avec une penture de fer apparente, soit avec une lame transversale de fer placée intérieurement comme on peut le remarquer en certains meubles du musée de Cluny[1] (voir fig. 87 et 88).

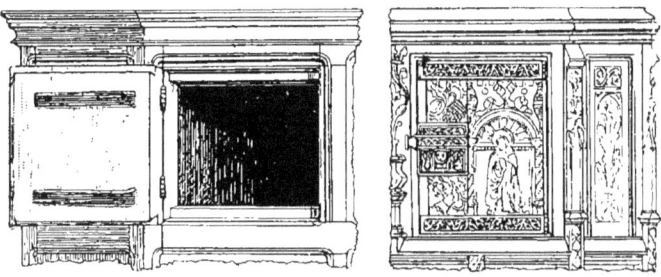

Fig. 87 et 88. — Exemples de pentures consolidant les volets.
(MUSÉE DE CLUNY.)

C'est seulement à l'extrême fin du XVe siècle que l'assemblage à bouement vint corriger la première de ces incorrections. Cinquante ans plus tard, la pratique régulière de l'assemblage à enfourchement et en anglet permit au menuisier d'exécuter d'une façon régulière les vantaux de porte formés de cadres panneautés, et le débarrassa de ces curieux artifices auxquels jusque-là il s'était vu forcé de recourir. Quant à la distribution si ingénieuse et si logique

---

1. Cette même simulation apparaît encore plus évidente dans la fabrication de certains coffres de ce temps dont les parois, faites d'une seule planche et assemblées à leurs angles en queue d'aronde, ont été divisées par le sculpteur en panneaux successifs. On peut conclure de cette particularité que dès cette époque on avait reconnu la supériorité de l'emploi des menus bois, moins sujets à jouer et à se fendre que les grandes planches, mais que tous les artisans n'étaient pas encore capables d'exécuter les assemblages nécessaires.

en bâtis solidement assemblés et en panneaux de remplissage, qui, nous l'avons dit et répété, constitua pour l'art du bois la plus féconde des révolutions, elle demeura à l'état de fait acquis, et servit de base à l'exécution de tous les beaux meubles que l'on a confectionnés depuis cette époque. Ajoutons que cette révolution s'effectua en France et demeura essentiellement française. A l'étranger, par suite de l'infériorité de la main-d'œuvre, elle eut peu de succès. En Italie, aussi bien qu'en Allemagne, on ne la pratiqua qu'exceptionnellement, et l'on continua d'employer à la fabrication des coffres ces planches massives, formant des parois d'une seule venue, assemblées sur les côtés en queue d'aronde et dans lesquelles, comme pour les vantaux dont il vient d'être question, on simula des panneaux et des cadres. Deux coffres fort remarquables conservés au musée de Cluny (voir fig. 27), un coffre non moins intéressant qu'on peut voir au Louvre (collection Davillier), montrent l'adaptation à des meubles considérables de cet assemblage compliqué et médiocrement solide, que nous n'employons plus guère, si ce n'est pour les tiroirs.

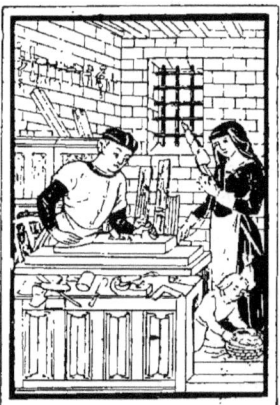

Fig. 89. — Un atelier de menuisier au xve siècle, d'après une miniature de l'époque.

III

LA MENUISERIE A L'ÉPOQUE DE LA RENAISSANCE ET DURANT LES PREMIÈRES ANNÉES DU XVIIe SIÈCLE

Avec le xvie siècle s'ouvre pour la menuiserie la période la plus brillante que ce bel art ait jamais parcourue. En possession d'une sûreté de main et d'une expérience laborieusement acquises, l'exécutant aborde sans hésitation tous les problèmes qui s'offrent à lui et les résout avec un rare bonheur. Maître de procédés perfectionnés, il donne un essor inattendu à ses préoccupations artistiques, et, ne se bornant plus, comme le menuisier des siècles précédents, à décorer une forme imposée par l'usage, il s'applique à construire de véritables décorations.

Ajoutons que les conditions sociales au milieu desquelles il exerce, sont singulièrement favorables à cette éclosion artistique. Avec le xvie siècle, les temps modernes commencent. La société pour laquelle le menuisier travaille se transforme brusquement; les mœurs se modifient, et le mobilier, jusque-là sans destination fixe, devient tout à coup sédentaire. Pendant tout le moyen âge, en effet, les hautes classes de la population avaient mené une existence en quelque sorte nomade, et le seigneur, dans ses déplacements perpétuels, emportait avec lui tout ce qui constituait son avoir. Les meubles, pour nous servir d'une expression de ces temps si extraordinairement troublés[1], « suivaient le corps ». Les plus puissants personnages, peu confiants par nature et par expérience, ne laissaient, après leur départ,

---

1. « Meubles sont appelez qu'on peut transporter de lieu à autre et qui suivent le corps, immeubles qui adhèrent au fond et ne peuvent être transportez. » (BOUTILLIER, *Somme rurale*; 1380.)

dans le logis abandonné, que les quatre murailles. Leur personnel domestique, leurs chevaux, leurs chiens, jusqu'à leurs prisonniers, partaient avec eux. Tout leur ameublement, lits, sièges, armoires, tentures de prix, orfèvreries, batterie de cuisine, les accompagnaient dans leurs migrations périodiques et changeaient en même temps qu'eux de résidence. Aussi, tant que dura cette aventurière période de notre histoire, les dimensions et la forme du mobilier furent-elles commandées par la menace permanente d'un départ immédiat.

Tous les meubles se résumaient en une série de coffres, de bahuts, de huches, — d'où ce nom de *huchiers* que les menuisiers conservèrent si longtemps [1]. — Dans ces huches on enfermait les bijoux, la vaisselle, les vêtements; l'on empilait les chandeliers, les aiguières, les gobelets d'or et d'argent, les tentures des chambres et jusqu'à la literie, et, une fois remplies, le tout était chargé sur les « sommiers », c'est-à-dire sur les chevaux et les mulets de bât. Les sièges eux-mêmes, quand ils ne consistaient pas en pliants, servaient de coffres, ou, pour parler plus exactement, les coffres servaient de sièges. Les bancs, les chaires, se compliquaient de véritables armoires; et quand certains meubles, comme les dressoirs, affectaient des formes monumentales, on les construisait de façon à ce qu'ils se démontassent facilement et à ce que la charge pût en être répartie sur deux ou trois bêtes de somme.

Ces coutumes vagabondes nous expliquent comment, jusqu'au milieu du XVe siècle, les menuisiers ne construisirent que très exceptionnellement des meubles de grandes dimensions. Les quelques armoires de haute taille qui nous restent des époques antérieures, celles de Noyon, de Bayeux, du trésor de Saint-Germain-l'Auxerrois, etc., appartiennent toutes au mobilier religieux, immobilisé par

[1]. Une *Ordonnance royale* de 1350 les qualifie « charpentiers en huches ».

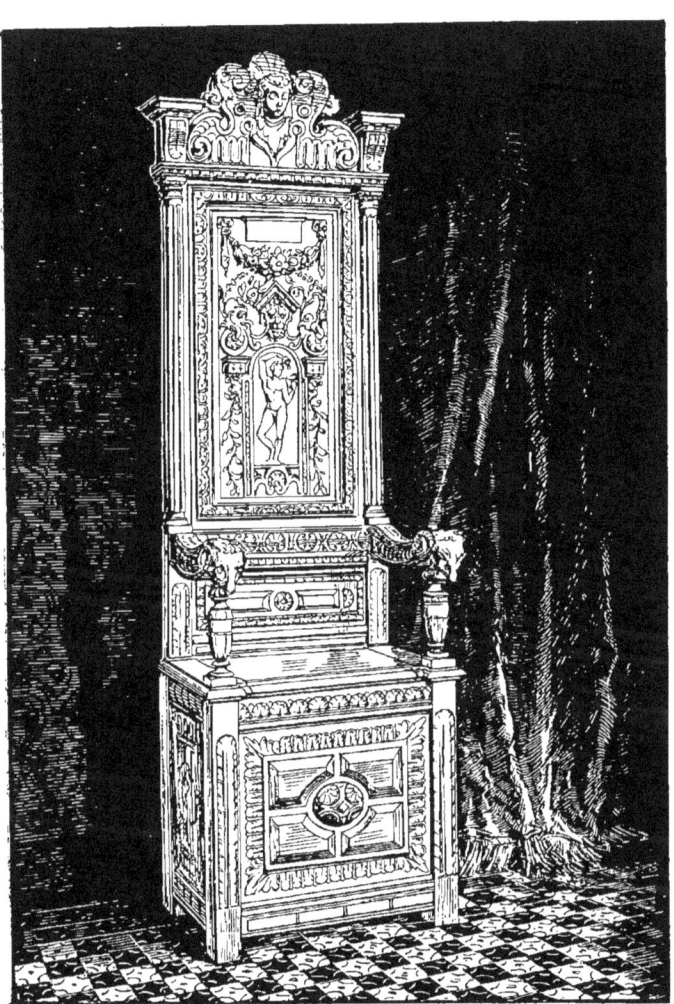

Fig. 90. — Chaise à coffre en noyer sculpté
(XVIe siècle).

sa destination même. C'est encore dans les églises et pour une raison analogue qu'il faut chercher les seuls sièges considérables de ce temps qui nous aient été conservés. Ces admirables stalles, où la verve décorative de nos maîtres huchiers trouva une si belle occasion de se déployer, font en quelque sorte partie de l'architecture du sanctuaire. Dans le mobilier civil, par contre, on ne découvre rien de semblable. Tous les meubles à bâtis et à panneaux dont nous nous servons encore à l'heure actuelle, sont des dérivés plus ou moins directs du coffre, meuble fondamental. Ces jolies petites armoires que nous appelons assez improprement des cabinets ou des crédences, eurent pour point de départ — nous l'avons dit dans notre première partie (voir pages 46 à 48) — une huche montée sur un pied, ou deux huches superposées. Seules les tables consistant en plateaux portés par des tréteaux et les châlits encombrants étaient abandonnés. Mais leur bâti, dissimulé par des tapis ou des couvre-pieds, était d'une exécution si rudimentaire, qu'il n'y avait pas à craindre qu'ils éveillassent la cupidité.

C'est seulement vers le milieu du xve siècle que la bourgeoisie enrichie, trouvant dans les villes une sécurité relative, délivra le menuisier de cette préoccupation de déménagement perpétuel. Dès lors le mobilier, devenant plus sédentaire, put revêtir des formes mieux appropriées à sa destination. La Renaissance acheva cette transformation. Cette fois encore l'art du menuisier s'inspira de l'architecture. Conservant tout d'abord les formes anciennes dans ce qu'elles avaient d'essentiel et de caractéristique, l'exécutant se borna à les habiller, à les parer d'ornements d'un style plus moderne. Puis, à partir de 1515, tout à fait émancipé, il construisit ces beaux lits à colonnes qui ont une si fière et si noble tournure (voir fig. 91), ces chaires majestueuses à dossiers si joliment décorés de délicats bas-reliefs; et pour les autres meubles à bâtis et à panneaux, il commença d'adopter une ordonnance absolument nouvelle.

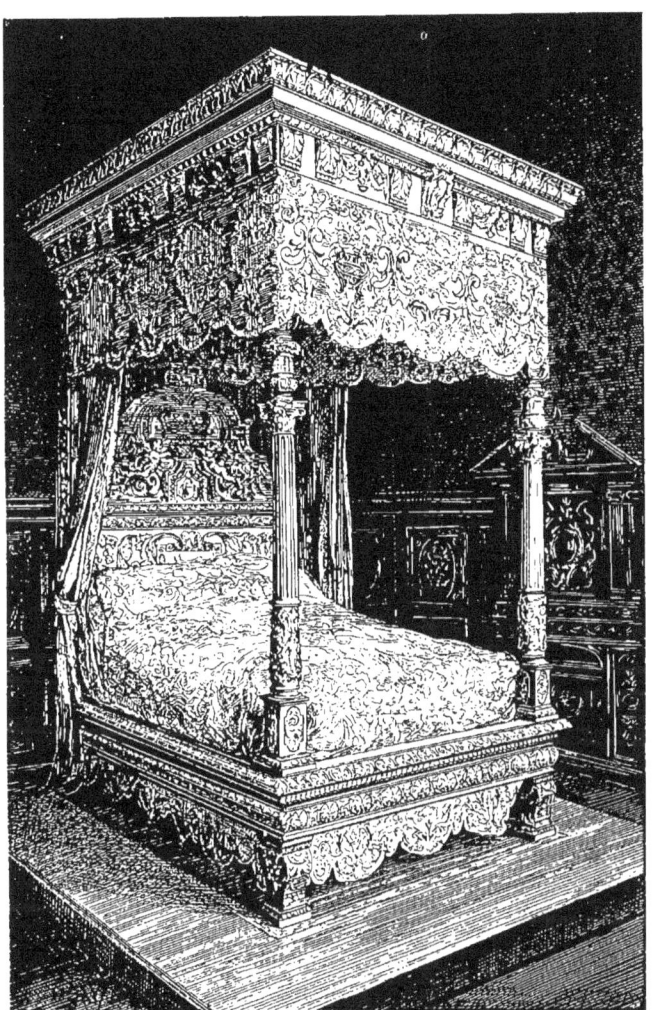

Fig. 91. — Lit dit de Diane de Poitiers.
(CHATEAU D'ANET.)

Ces derniers se compliquèrent de frises, de cariatides, de frontons, de pilastres et de colonnettes accouplées en hors-d'œuvre, leur donnant un faux air de petits monuments.

Cette transformation séduisante ne s'opéra pas, toutefois, sans soulever quelques critiques. Des juges sévères ont amèrement reproché à ces jolis meubles leurs simulations architecturales. On s'est imprudemment scandalisé d'une appropriation dont l'opportunité semblait quelque peu douteuse, sans prendre garde que les menuisiers du XVIᵉ siècle ne faisaient que se conformer à des précédents acquis. Ces emprunts faits par la menuiserie à l'architecture sont, en effet, de tous les temps. Les coffres égyptiens affectent souvent la forme de pylones de pierre. Les armoires du XIIIᵉ et du XIVᵉ siècle, les plus anciennes qui nous aient été conservées, attestent, on l'a vu, des préoccupations architecturales très marquées. Cent ans plus tard, les panneaux des huches et des chaires sont, comme les fenêtres des cathédrales, décorés d'arcatures trilobées ou en quatre feuilles; leurs montants sont flanqués de contreforts et surmontés de clochetons ou de pinacles ; enfin leurs angles s'ourlent de colonnettes et leurs traverses supérieures se couronnent de faîtages ajourés. Les meubles de la Renaissance ne sont donc pas plus fautifs que ceux des siècles précédents.

Ils sont, par contre, plus élégants et plus gracieux, parce que la part faite au sculpteur dans leur décoration est plus savamment répartie. S'inspirant des charmants bas-reliefs à peine saillants et cependant si délicieusement expressifs, que Jean Goujon avait mis à la mode, l'artiste couvre ses vantaux d'aimables allégories, qui deviennent le point culminant de l'ornementation, et auxquelles toutes les parties voisines, tenues dans des notes très simples, sont sagement subordonnées. Jusqu'aux deux tiers du XVIᵉ siècle, cette exquise pondération réserve à chacun des deux arts la part qui lui revient légitimement. C'est seulement à partir de 1560 que le goût italien, prenant le dessus, substitue,

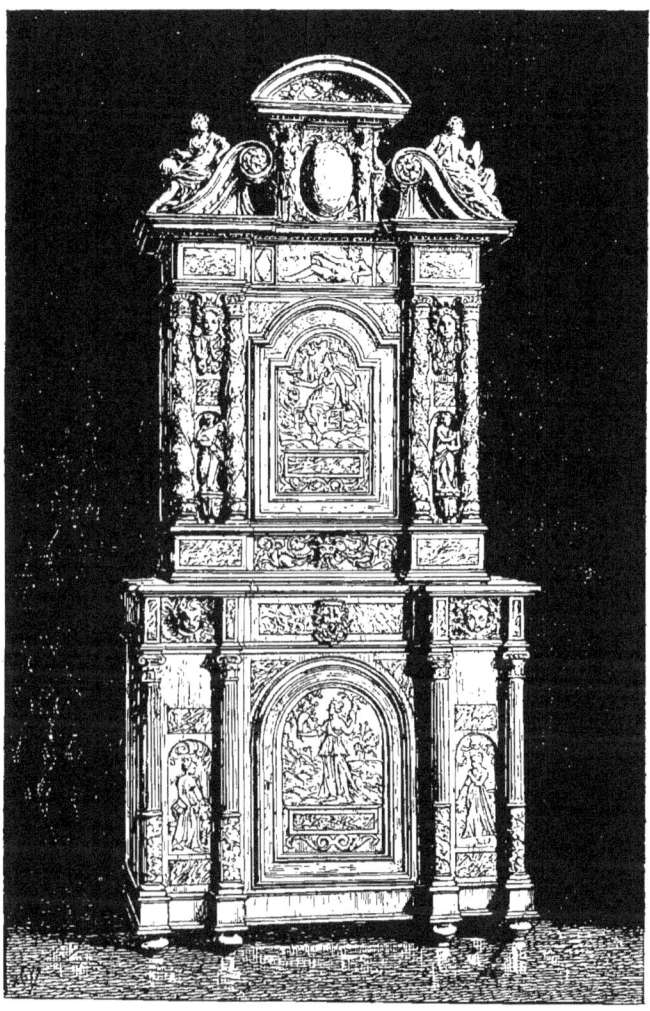

Fig. 92. — Petite armoire à deux corps en noyer sculpté et ciré (xvie siècle).

par amour de la magnificence, l'opulence d'une décoration exagérée à l'aimable et svelte modestie de cette ordonnance si prudemment combinée. Au lieu d'accompagner discrètement l'architecture du meuble, d'en accentuer les lignes principales, la sculpture en envahit toutes les parties. Suivant le degré de culture de nos diverses provinces, suivant leur tempérament et leur goût, elle arrive à imprimer au mobilier une estampille assez caractéristique pour que quelques érudits aient été tentés de répartir la production française en un certain nombre d'écoles, correspondant à nos principales divisions géographiques.

L'idée seule de cette ingénieuse répartition, essayée non sans succès par M. Bonnaffé[1], prouve mieux que de longues dissertations la prépondérance décisive que le sculpteur prit, à cette époque, dans la création des meubles de prix. Bientôt le menuisier, relégué au second plan, dut combiner la structure de son ouvrage de façon à permettre au talent de son collaborateur de briller d'un éclat débordant. La forme se trouva de la sorte subordonnée au décor : redoutable contresens, qui ne tarda point à amener une décadence facile à prévoir.

Cette décadence acheva de s'accentuer pendant les premières années du xviie siècle, où une nouvelle transformation se produisit dans les idées et les mœurs. L'effondrement de la dynastie des Valois et l'avènement de Henri IV marquent, en effet, l'arrivée aux affaires d'une société nouvelle, tellement différente de celle qui l'avait immédiatement précédée, qu'on a pu dire qu'elle se rapprochait beaucoup plus de notre société actuelle que de celle du temps de la Ligue, dont elle n'est séparée cependant que par un petit nombre d'années[2]. Cette société nouvelle, éprise surtout de sécurité et de stabilité, exigea un mobilier répondant à ses préférences. De là un alour-

---

1. Voir *le Meuble en France à l'époque de la Renaissance*.
2. Baudrillart, *Histoire du luxe*, tome IV, p. 39.

dissement singulier qui se manifesta dans les formes de tous les meubles. En même temps l'ornementation nombreuse, variée, débordante, qu'on admirait vingt ans plus tôt, fit place à une pauvreté relative; et comme le besoin du luxe n'était pas moindre, on s'efforça de remplacer la beauté du travail par la richesse de la matière employée.

Cette dernière substitution devait provoquer à courte échéance une transformation radicale dans la confection des meubles de prix. Les bois indigènes, le chêne, le noyer, le

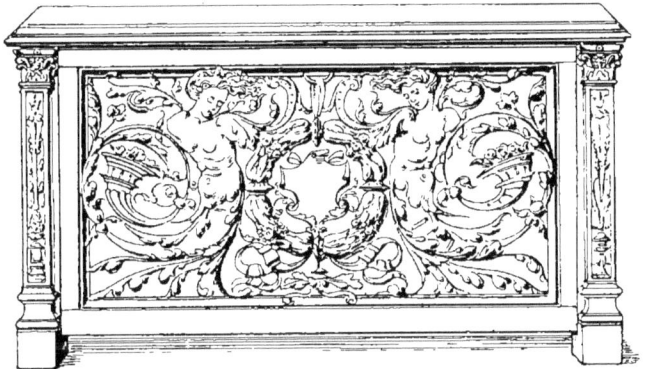

Fig. 93. — Coffre en noyer sculpté et ciré (XVIe siècle).

châtaignier, jugés désormais trop vulgaires, firent place aux essences exotiques, aux bois des Indes importés à grands frais, et surtout à l'ébène; et comme leur rareté en même temps que leur prix élevé rendaient l'emploi de ces derniers fort coûteux, l'art des placages prit subitement une importance précédemment inconnue, et donna naissance à l'ÉBÉNISTERIE.

Pour lutter avec ce débordement de bois rares et précieux, le menuisier, n'osant plus recourir à l'intervention du sculpteur, dont le ciseau s'était alourdi, fit appel au tourneur. Nous avons raconté autre part le goût étrange, on pourrait dire la passion, de quelques grands seigneurs de ce temps pour les ouvrages du tour. Ils s'en entichèrent jusqu'à attacher à leurs personnes des tourneurs attitrés, et jusqu'à mettre eux-mêmes la main à l'ouvrage. Cette vogue subite peupla les habitations du xviie siècle de ces tables épaisses et de ces robustes chaises à pieds renflés, et de ces bois de lit à colonnes torses ou tournées en spirale, dont tant d'échantillons nous ont été conservés.

Dans les armoires elles-mêmes la collaboration du tourneur trouva moyen de s'affirmer, et l'ornementation des gros meubles s'enrichit de tiges de bois tournées et refendues, qui remplacèrent assez fâcheusement les pilastres et les colonnes (voir fig. 42). En outre, le menuisier, jaloux de prouver l'excellence de son savoir, substitua, dans ses panneaux, aux gracieux bas-reliefs de l'école de Fontainebleau, une complication d'assemblages aussi savants qu'inutiles, formant des compartiments variés ou figurant des étoiles (voir fig. 95). Enfin, désireux de conserver à ses fonds ce beau poli qui, verni avec soin, donnait aux bois indigènes un faux air exotique, il demanda au sculpteur des frises et des rinceaux, non plus pris dans la masse, mais exécutés séparément, découpés et ajourés, puis rapportés et collés sur les façades de ses meubles.

Ainsi, sans que la main-d'œuvre eût cessé de progresser, il suffit d'une évolution sociale pour amener dans la décoration et l'ordonnance des ouvrages de menuiserie une décadence sensible. Une éclipse momentanée de goût dans les classes dirigeantes se traduisit presque immédiatement par l'alourdissement général des formes et par l'épaississement du décor.

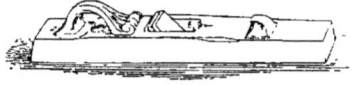

Fig. 94.

IV

LA MENUISERIE PENDANT LA SECONDE MOITIÉ DU XVIIe SIÈCLE ET LA PREMIÈRE MOITIÉ DU XVIIIe

Cet assoupissement, qui dura près de quarante années, et dont la menuiserie des gros meubles ne parvint jamais à se relever complètement, est d'autant plus curieux à constater qu'à ce moment le menuisier était en possession de tout l'attirail d'outils nécessaires pour accomplir les plus admirables tours de force. Nous avons déjà dit que depuis plusieurs siècles il se servait de la scie; l'insurrection des Maillotins (1382) ne laisse aucun doute sur l'emploi du maillet dès le XIVe siècle. Le rabot (nous l'avons vu) date à peu près de la même époque; le marteau à pied-de-biche et la tenaille sont aussi de ce temps. Un manuscrit de la Bibliothèque nationale, remontant à 1440, intitulé le *Miroir historial,* nous montre un menuisier à son établi, de même hauteur que les nôtres, occupé à percer de la vrille une pièce retenue par un *valet,* et ayant à sa portée un râtelier chargé de ciseaux et de gouges. Une autre miniature plus récente d'une quarantaine d'années, appartenant à M. Delaherche (voir fig. 89), étale à nos regards cette même provision d'outils garnissant également un râtelier, accompagné de maillets, de ciseaux, de gouges, de racloirs déposés sur un coffre du premier plan; le musée de Cluny possède le bois d'une varlope contemporaine de ce manuscrit (voir fig. 94), alors qu'une sculpture décorant une des stalles de la cathédrale de Rouen nous révèle l'emploi du trusquin à cette même époque. Enfin, dans la curieuse vignette de Joost Ammam qui orne le titre de ce livre, on peut reconnaître facilement la *scie à tourner,* et la curieuse panoplie composée par Vredeman de Vries avec les outils du menuisier[1] prouve qu'à l'exception de la presse, complétant l'établi, les ouvriers du xvie siècle disposaient de tout l'arsenal d'instruments et d'outils dont nos menuisiers se servent à l'heure actuelle.

Il n'est donc pas surprenant qu'on ait pu exécuter, dès cette époque, des meubles assez parfaits pour qu'aujourd'hui encore leur imitation exacte semble un acte méritant. Ajoutons que jamais le travail du bois ne fut autant apprécié et plus en honneur. S'il en fallait une preuve, le *Journal* si précieux de Jean Héroard (médecin du jeune Louis XIII) suffirait pour nous édifier sur ce point. Parlant de son royal client, alors âgé de cinq ans, Héroard écrit, le 4 avril 1605 : « Il va à la galerie (du château de Saint-Germain), s'amuse aux outils du menuisier qui posoit les châssis de verre; on lui en nomme quelques-uns; je lui demandai : « Monsieur, comment s'appelle cela? — Une varlope. — Et cela? — C'est un guillaume. » Il retenoit extrêmement bien les noms propres des choses. » Quatre ans plus tard (23 avril 1609), le fidèle médecin trace la note suivante sur son *Journal* : « Il s'amuse en sa chambre à raboter des ais; il y avoit des menui-

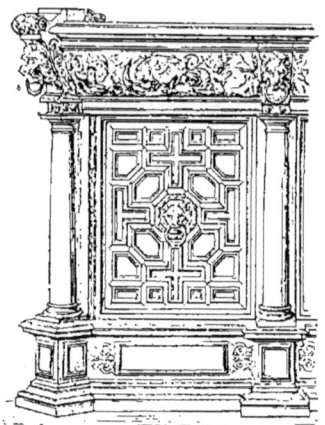

Fig. 95. — Exemple de décoration résultant d'assemblages compliqués (xviie siècle).

---

1. Voir *Panoplia seu ornementarium ac ornamenta tum artium ac opificiorum* (1572). Ce curieux trophée combine en une *panoplie* l'établi, le banc à profiler, la règle, le valet, l'équerre, le compas d'épaisseur, le rabot, le guillaume, le trusquin, la cognée, la hache, le maillet, le ciseau, la gouge et jusqu'au pot à colle.

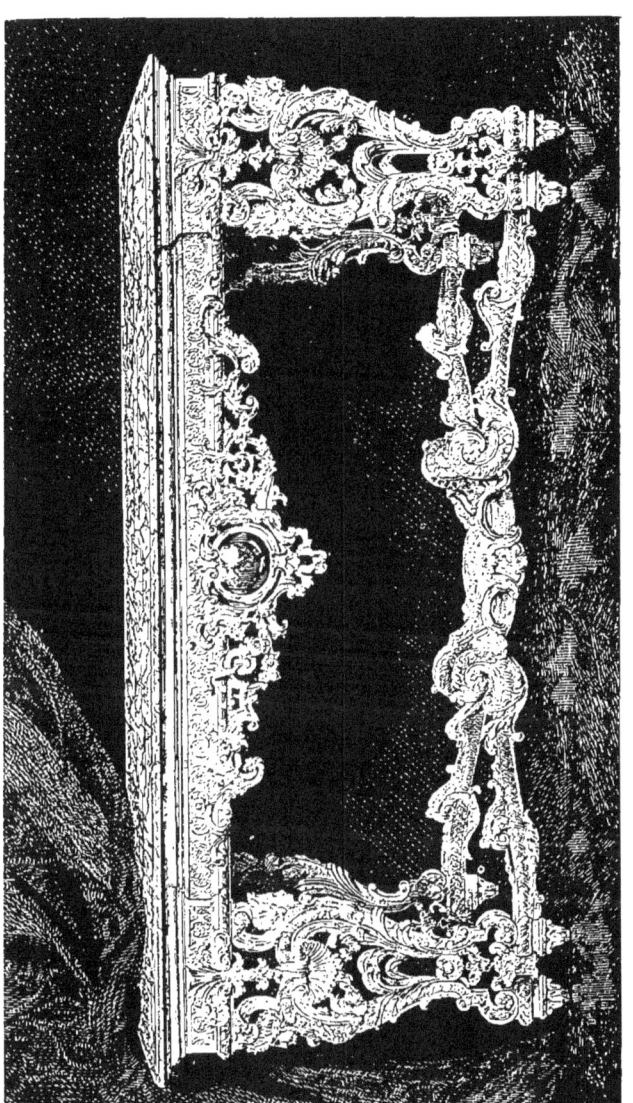

Fig. 96. — Table en bois sculpté et doré du XVIIe siècle. (MOBILIER NATIONAL).

siers. » Enfin, le 15 octobre 1614, c'est-à-dire lorsqu'il était déjà roi depuis quatre ans, Héroard le surprend encore « s'amusant lui-même avec le menuisier à dresser le jeu de billard [1] ».

Il faudrait ignorer le respectueux fétichisme que la France entière professait alors à l'égard de la personne royale, pour ne pas comprendre quelle considération extraordinaire rejaillissait sur de modestes et laborieux artisans, que cette participation du souverain à leurs ingénieux travaux élevait au rang de collaborateurs. Aussi quand, en 1667, Louis XIV, ou, pour parler plus exactement, lorsque Colbert institua aux Gobelins la *Manufacture royale des meubles de la Couronne,* les menuisiers, traités en véritables artistes, se virent compris, avec les peintres, les sculpteurs, les mosaïstes, les tapissiers et les orfèvres, parmi « les bons ouvriers de toutes sortes d'arts et mestiers », dont le surintendant et le directeur devaient toujours tenir la Manufacture remplie.

Si nous avons insisté aussi longuement sur ces détails, c'est qu'ils montrent quelle influence la mode, ou ce qu'on pourrait plus exactement nommer le degré de culture d'une époque, exerce sur la décoration et, par contre-coup, sur le développement et la valeur esthétique des industries d'art. Hâtons-nous toutefois de constater que le xviie siècle, s'il assista en ses premières années à une indiscutable décadence dans l'exécution des meubles à bâtis et à panneaux, ne tarda pas à prendre une éclatante revanche en ce qui concerne les lambris, les sièges, les consoles et les tables.

L'amour exagéré de la magnificence avait fait rejeter des intérieurs princiers ces jolis meubles en chêne et en noyer ciré du xvie siècle, si élégamment construits, si délicatement sculptés, mais qui, n'ayant pour plaire que la grâce

---

1. *Journal de Jean Héroard sur l'enfance et la jeunesse de Louis XIII,* tome Ier, p. 123, 392, et tome II, p. 162.

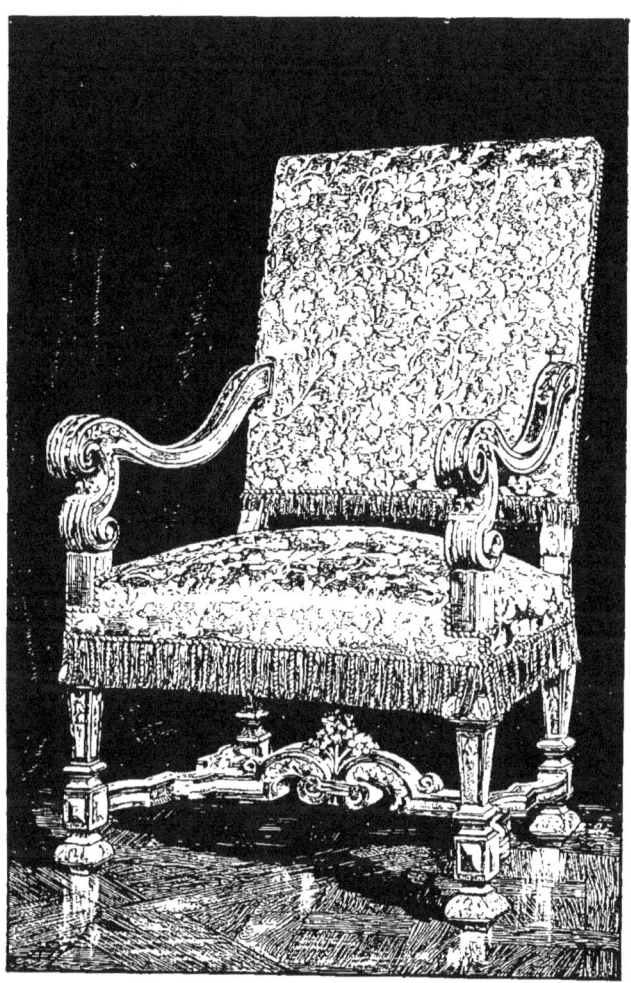

Fig. 97. — Fauteuil en bois sculpté et doré (XVIIe siècle).
(MOBILIER NATIONAL.)

de leur forme et la finesse de leur décoration, paraissaient désormais trop simples et trop sombres. Pour charmer les yeux avides d'éblouissements, il ne fallait rien moins que les chaudes colorations des bois rares et précieux, associés aux métaux brillants et à l'écaille. Grâce aux placages, tous les meubles à panneaux revêtirent la livrée somptueuse qu'on leur imposait, et, pour les meubles à bâtis qui ne pouvaient s'accommoder de placages, la dorure se chargea de dissimuler le peu de prix de la matière employée. Sous cette éclatante parure, l'art délicat du menuisier, s'aidant de celui du sculpteur, entra dans des voies inexplorées, et, trouvant le champ libre pour ses innovations, produisit des merveilles de bon goût, de somptuosité et de convenance.

Tout un genre, on pourrait presque dire tout un style de décoration, sortit, en effet, de cette heureuse collaboration, style d'autant plus remarquable que, pour la première fois, le menuisier, ne demandant ses inspirations qu'à lui-même, et n'empruntant rien à l'architecture ni aux arts du métal, sut imaginer une ornementation merveilleusement appropriée à l'objet et à la matière qu'il était chargé d'embellir.

C'est surtout à partir de 1660 que les sièges et les tables commencent à adopter ces allures d'un caractère si nouveau. Jusque-là des contours strictement carrés, des pieds à balustres d'un dessin noble, mais massifs et trapus, des croisillons superflus et des dossiers très élevés avaient conservé aux « chaises à bras » une pesanteur inutile et une solennité médiocrement hospitalière (voir fig. 97). De leur côté, les tables au piétement trop robuste, surchargé de mufles de lion, de masques et d'attributs, avaient brillé bien plus par leur luxe débordant que par leur aimable élégance. Avec le dernier tiers du XVIIe siècle, les formes s'assouplissent brusquement, et les meubles, par une condescendance jusqu'alors ignorée, se plient aux convenances de ceux qui les emploient.

Désormais on tiendra un compte sévère, dans leur construction, de la commodité, du bien-être et des besoins so-

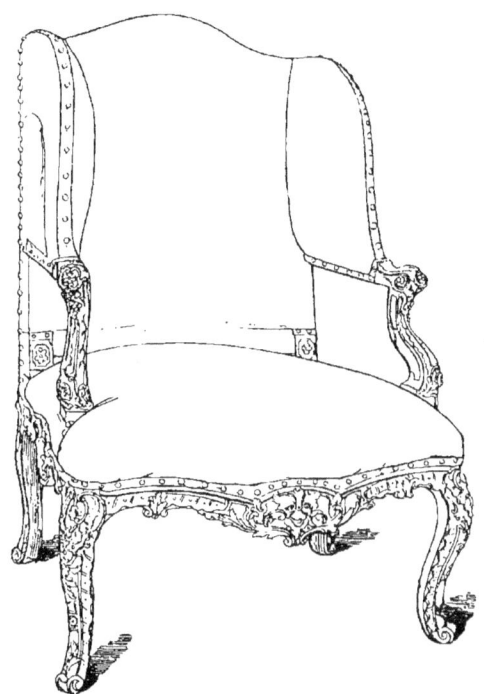

Fig. 98. — Bois de fauteuil sculpté, doré et garni (XVIIe siècle).

ciaux. C'est ainsi que les dossiers s'abaissent et se chantournent à leur sommet, donnant à la personne assise toute facilité pour tourner la tête et regarder derrière elle. En même temps, les bras s'évasent et les consoles sur lesquelles ils viennent buter, disposées en retraite, permettent de s'asseoir de côté et d'écarter ou de croiser à volonté les jambes. Enfin les pieds-de-biche, qui succèdent aux pieds à balustres, se dérobant par une courbe gracieuse, laissent les talons se mouvoir sans risquer de se heurter à des angles aigus.

Pour les tables et pour les consoles, pour les bois de lits et d'écrans, une transformation identique se produit, et des merveilles de goût, d'élégance et d'ingéniosité naissent de cette adoption de formes nouvelles qui, si elles n'obéissent pas toujours à la sévère logique, du moins ne sentent jamais la contrainte et l'effort. Quant à l'ornementation de ces beaux meubles, souple et docile, elle s'associe d'une façon si parfaite aux lignes principales, elle les complète et les explique si bien, qu'à première vue on ne saurait dire lequel du menuisier ou du sculpteur peut revendiquer la conception initiale de l'ouvrage. C'est que l'artiste, maître absolu de la matière mise en œuvre par lui, connaissant à fond les ressources qu'elle lui offre, s'est avisé, pour la première fois peut-être, de se montrer tout à fait original.

Il a compris qu'à un état social nouveau il fallait un mobilier également nouveau. Au lieu de puiser dans l'ancien fonds, il a eu l'audace de créer; et comme sa création s'est trouvée forcément inspirée et dominée par les idées et les besoins de son temps, une remarquable concordance s'est établie entre le mobilier imaginé par lui et la société qui devait en faire usage.

Constatons encore que cette verve si magnifiquement inventive ne se contenta pas de transformer et d'embellir les meubles à bâtis. Elle déborda sur les lambris, assouplissant les cadres, chantournant les moulures, peuplant les panneaux de cartouches et de faisceaux rayonnants du plus somptueux aspect. Là également l'or, s'associant au bois sculpté pour en détacher les reliefs sur un champ soigneusement recouvert de *blanc des Carmes*, produisit des merveilles. Les boiseries si justement célèbres des palais de Versailles, de Fontainebleau, de Saint-Cloud; des

châteaux de Sceaux, de Meudon, de Bercy; des hôtels de
de la Vrillière, de Soubise, de Roquelaure, sont restées des
modèles parfaits de ce que l'art du menuisier en bâtiment
peut offrir de plus remarquable.

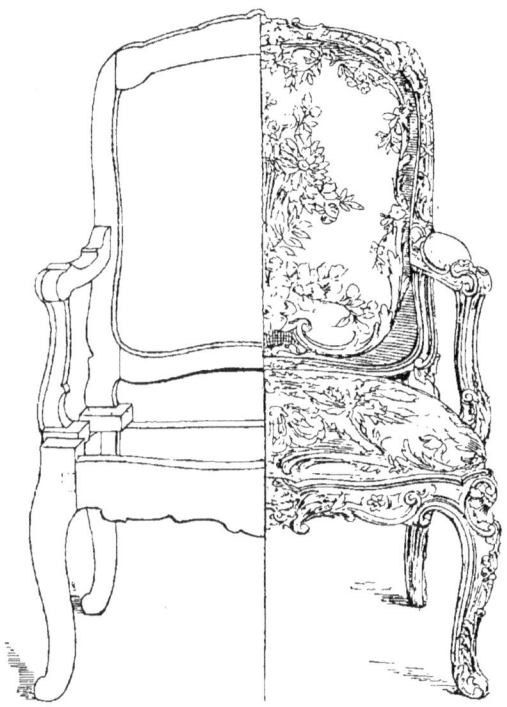

Fig. 99. — Bois de fauteuil sculpté, doré et garni
(première moitié du xviiie siècle).

Le xviiie siècle, dans sa première moitié, ne fit qu'accentuer cette heureuse révolution. Comme son aîné, il enfanta peu de meubles à bâtis et à panneaux en menuiserie pure, et cette belle époque ne nous a guère légué, en fait de types originaux rentrant dans cette catégorie, que sa grande armoire à deux portes (voir fig. 47), vaste et monumentale, commode surtout, en outre très pratique, mais dont les formes, plus massives qu'élégantes, et l'ornementation, toujours simple, ne peuvent supporter la comparaison avec les délicieux bois de fauteuils, de consoles et d'écrans que nous devons aux menuisiers de ce temps. On ne saurait en effet imaginer rien de plus souple, de plus distingué et de plus gracieux que ces sièges aimablement

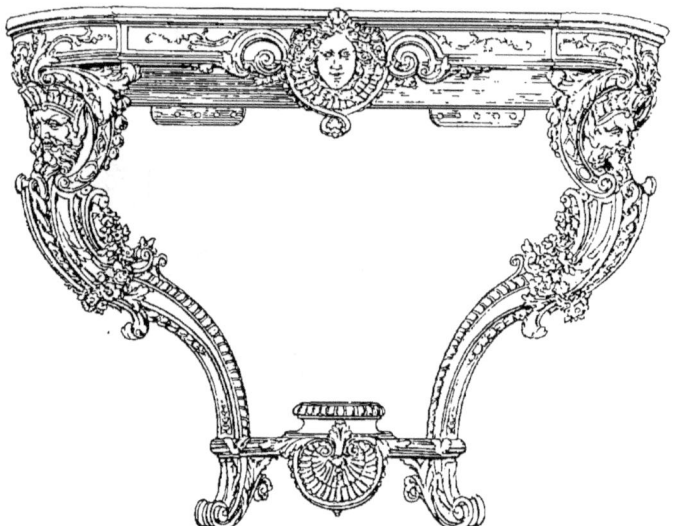

Fig. 100. — Console en bois sculpté et doré (XVIIIe siècle).

contournés, dont les lignes cherchent, pour ainsi dire, à embrasser le corps humain, et l'on ne se douterait pas, à voir cette grâce si facile, que son aisance assouplie est le résultat des combinaisons les plus délicates et le produit des calculs les plus compliqués.

Le débillardement de chacun de ces bras de fauteuils ou de ces pieds-de-biche si joliment tordus, présente, en effet, la solution de problèmes de géométrie relativement difficiles. Le cintrage conique des dossiers de ces petits fauteuils, que l'on nommait alors des « cabriolets », le rattachement de l'ellipse décrite en plan par le fond de leur siège, avec la courbe en S formée par leur traverse antérieure, constituent un petit chef-d'œuvre d'ingéniosité. Jamais la science dans la coupe du bois ne fut poussée plus loin, et jamais elle ne se laissa moins soupçonner aux regards distraits ou inexpérimentés. Dans l'histoire de la menuiserie, cette période compte assurément parmi les plus glorieuses.

C'est aussi une des plus fécondes en créations nouvelles. Dix sortes de sièges inconnus jusque-là virent subitement le jour. Les *cabriolets*, les *fauteuils en gondole*, les *chaises à la reine*, les *sophas*, les *paphoses*, les *veilleuses*, les *vis-à-vis*, les *bergères*, se chargèrent d'encadrer douillettement les carnations les plus délicates. Le lit, dégagé de ses colonnes et de ses lourdes courtines, vit son ciel s'arrondir et se courber en dôme. On combina des tables de formes spéciales pour tous les besoins de la vie. Le jeu, à lui seul, en fournit plus de dix sortes. Mais rien ne dure en ce monde. Le goût change constamment en même temps que l'idéal des sociétés se transforme, et l'art est fatalement soumis à toutes les fluctuations de l'idéal et du goût.

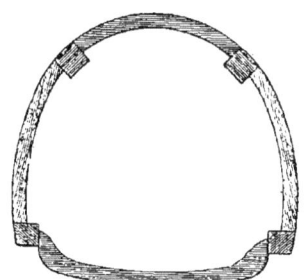

Fig. 101. — Plan d'une chaise à la reine,
d'après Roubo.

V

LA MENUISERIE DEPUIS LE MILIEU DU XVIIIᵉ SIÈCLE JUSQU'A NOS JOURS.

Le xviiiᵉ siècle était à peine parvenu au milieu de sa course, qu'une réaction assez vive commença de se produire contre ces jolis meubles si délicieusement contournés. L'excès même de leur souplesse les fit prendre en dégoût par une société avide de changement. Les idées, au surplus, suivaient un autre cours. Les fouilles d'Herculanum et de Pompéï avaient ramené l'attention vers le passé classique, en même temps que les esprits teintés de philosophie ancienne et brusquement épris de sentimentalisme et d'égalité, se passionnaient pour le monde antique, auquel on brûlait d'emprunter ses libérales institutions.

Pour obéir à ces préoccupations nouvelles, les formes se firent plus rigides. Les pieds des sièges et des tables cessèrent de se contourner et redevinrent brusquement droits. Les commodes boursouflées reprirent avec leur aplomb une sveltesse relative. Mais l'élégance de l'époque précédente continua de faire sentir ses heureux effets, et la raideur aussi bien que la pesanteur restèrent bannies de ce mobilier nouveau, rendu subitement plus simple et surtout plus modeste. La dorure étincelante fit place, en effet, au laquage des bois, en même temps que les rinceaux feuillus et les puissantes rocailles cédaient le champ aux feuilles d'eau, aux acanthes et aux perles, qui allaient devenir la parure caractéristique de ces ouvrages, demeurés charmants en dépit de leur transformation radicale.

Ajoutons que cette extrême délicatesse de l'ornementation à laquelle les meubles contemporains de Louis XVI doivent en partie leur valeur et leur charme, trouve aussi son explication dans la modification profonde que subirent alors les dimensions des appartements. A cet amour du faste et de l'apparat qui jusque-là avait distingué la société de l'ancien régime — société exclusivement fondée sur la hiérarchie et sur la représentation — avait succédé un besoin d'intimité et de recueillement autrefois inconnu, et qui se traduisit presque immédiatement par un rétrécissement inattendu des pièces principales. Les énormes galeries, les vastes salles de réception, se virent remplacées par les petits salons et les boudoirs. Les meubles, dès lors, ne pouvant plus être considérés de loin, mais vus à courte distance et placés à portée de la main, durent revêtir une finesse de décoration que l'éloignement rendait auparavant inutile. Le menuisier, tenant compte de ces exigences nouvelles, s'efforça de les satisfaire, mais sans renoncer cependant à ses précédentes conquêtes. Bien que revêtant des formes plus classiques, ses meubles, nous l'avons dit, ne cessèrent point d'être commodes et gracieux. Malheureusement la période qui suivit ne se montra pas également fidèle à ces traditions de confort et d'élégance.

Sous l'Empire, en effet, le mobilier perdit tout caractère accueillant. Trop jeune, trop inexpérimentée pour pouvoir sainement apprécier la finesse et la beauté du travail, la société née de la Révolution se passionna pour une fausse et pesante magnificence. Si l'habileté technique du menuisier ne sombra pas dans ce bouleversement, son imagination, par contre, se dévoya. S'adressant à une clientèle mal préparée pour comprendre l'élégance intrinsèque d'une forme, il dut s'appliquer à tout expliquer par d'inutiles attributs. Les bras de fauteuils se transformèrent en cols de cygne; les pieds, en torches enflammées ou en carquois remplis. On imagina de faire porter les tables par des sphynx ou par des dauphins, et les bois de lits prirent l'aspect de bateaux destinés à descendre le fleuve de la vie. Le goût des placages, dont la valeur vénale était facile à constater, acheva de donner à l'ébénisterie une importance exagérée, en même temps que l'éclatante profusion des bronzes dorés rendit le talent du sculpteur en bois inutile.

C'est seulement à une époque relativement récente que ce dernier ressaisit, dans l'ornementation des meubles à bâtis et à panneaux, le rôle qui lui était précédemment assigné et qui lui est légitimement dû. Mais le temps avait accompli son œuvre, et cette réapparition, non exempte d'une certaine grossièreté, — si ce mot est permis, — se distingua cette fois par plus de profusion que de bonheur. La période romantique avait bien demandé à quelques menuisiers spéciaux des chaises à orbevoies et des dressoirs ou des « bahuts » renouvelés du moyen âge. Mais ces restitutions, d'une exactitude contestable et d'une exécution presque médiocre, étaient demeurées à l'état de manifestations exceptionnelles, et il fallut attendre le milieu du siècle pour que le public, par un de ces retours de goût qui lui sont familiers, se reprît d'estime pour nos bois indigènes, sculptés, maquillés au brou de noix et passés à la cire. On n'a pas perdu le souvenir de ces bibliothèques en « vieux chêne », de ces râteliers pour fusils de chasse, de ces buffets à un ou deux corps, flanqués de colonnes torses, décorés de lourdes frises, surchargés de rinceaux empâtés, avec des panneaux moulurés sur lesquels s'enlevaient en forte saillie des trophées de pêche et de chasse Ces meubles, qui nous paraissent aujourd'hui communs, vulgaires, barbares, incapables de supporter un examen sérieux, indignes surtout d'être comparés aux meubles anciens, et qui excitèrent cependant un engouement si vif, offrent un grand intérêt au point de vue historique. Ils marquent la rentrée en scène de la menuiserie dans l'ameublement moderne. Ils nous permettent de mesurer la

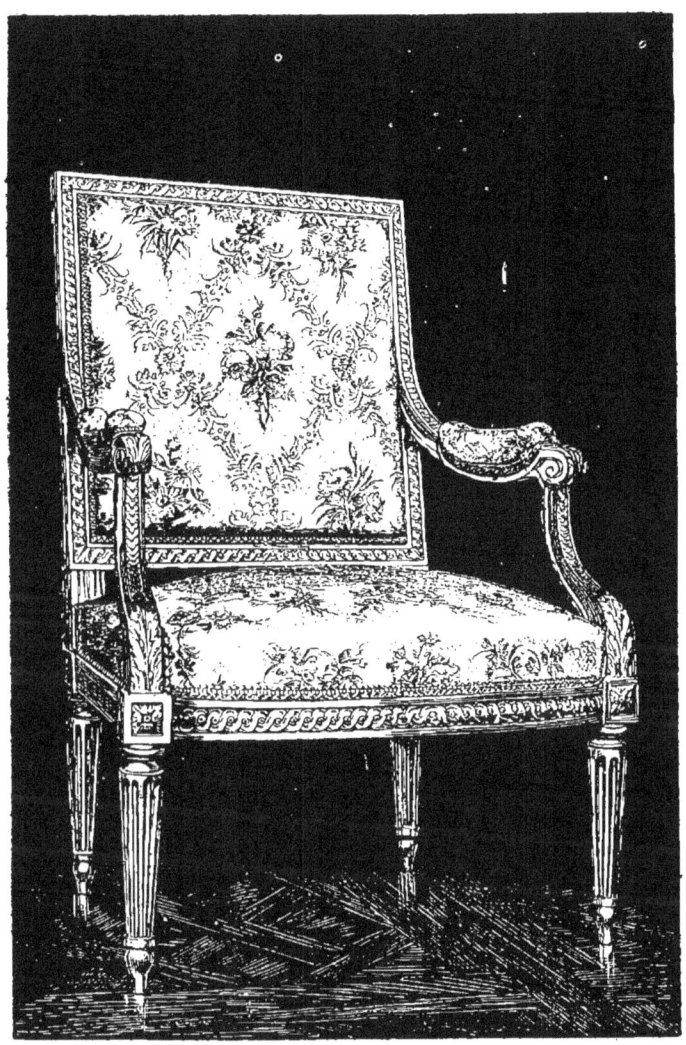

Fig. 102. — Fauteuil en bois sculpté et laqué style Louis XVI.
(MOBILIER NATIONAL.)

décadence dans laquelle les arts du bois étaient tombés et le chemin que nous avons parcouru depuis lors.

Tel est, en effet, le point de départ de la brillante renaissance à laquelle il nous a été donné d'assister. Comprenant que leur éducation était à refaire, nos menuisiers n'hésitèrent pas à demander au passé les enseignements qu'il pouvait leur fournir, et, s'inspirant des époques où le bois avait été mis en œuvre avec le plus d'adresse et de talent, ils sont parvenus à composer sinon de toutes pièces, du moins par d'ingénieuses adaptations, un mobilier nouveau, élégant, commode, bien approprié à nos besoins, très moderne par conséquent, mais rappelant suffisamment les types anciens pour satisfaire ce goût singulier d'archaïsme qui est une des caractéristiques de la génération actuelle.

Pour l'usage spécial d'une clientèle très éprise, et non sans motifs, des œuvres du passé, nos menuisiers ont imaginé, depuis vingt ans, un *style Renaissance,* un *style Henri II,* un *style Louis XIII,* voire un *style Louis XIV;* et ces styles, appliqués à nos armoires, à nos buffets, à nos lits, à nos bibliothèques, ont permis de créer toute une suite de modèles à la fois élégants et très décoratifs, qui dérouteraient étrangement les du Cerceau, les Vredeman de Vries, les le Brun, les le Pautre, et du reste tous les grands dessinateurs du mobilier français, s'il leur était donné de revenir en ce monde. Ces meubles, dans cent ans d'ici, seront considérés avec raison comme des créations de notre siècle en sa seconde moitié. Aujourd'hui ils passent, auprès du public, sinon pour des copies exactes, du moins pour de savantes restitutions, et font accuser nos producteurs d'impuissance à créer des formes nouvelles. Des écrivains aussi sévères que peu renseignés, prenant ces étiquettes au sérieux, invitent gravement nos contemporains à inventer de toutes pièces un « style » qui soit de notre temps. Si la prétention est plaisante, elle n'a pas toutefois le mérite d'être neuve; ce n'est pas la première fois que pareille confusion se produit.

Les artistes de la Renaissance, en effet, avaient la ferme

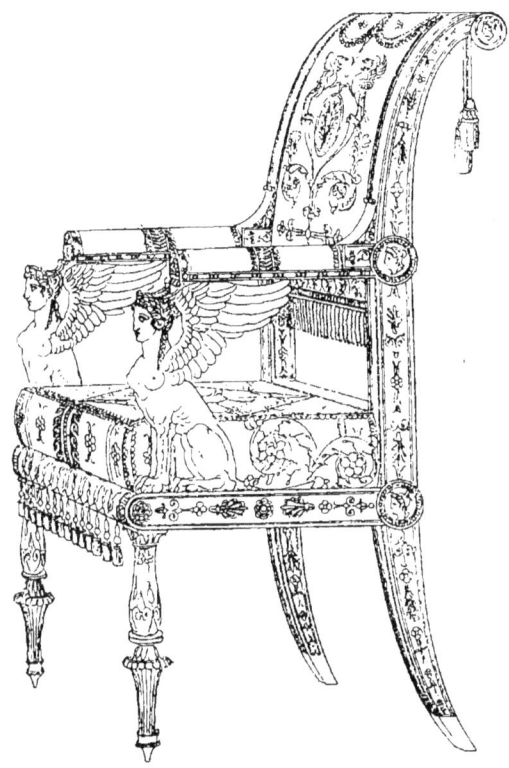

Fig. 103. — Modèle de fauteuil dessiné par Percier.

conviction de ressusciter dans leurs œuvres la civilisation latine. Au siècle dernier, les dessinateurs nourrissaient les mêmes illusions à l'égard de l'art grec ou romain. Nous avons vu à quelles créations personnelles ces deux tentatives ont abouti. N'anticipons donc pas sur le jugement que la postérité portera de notre époque, et laissons nos pseudo-connaisseurs continuer de commander gravement des armoires à glace Renaissance et des tables de nuit Henri II. Ce n'est pas d'aujourd'hui qu'on l'a dit : « Le monde tient à être trompé : *Mundus vult decipi.* »

Dans la fabrication de ces beaux meubles en menuiserie pure, nos artisans — est-il nécessaire de l'ajouter ? — ont apporté tous les raffinements d'une main-d'œuvre poussée à la perfection et entièrement sûre d'elle-même. Assemblages irréprochables, heureuse répartition des masses portantes, architecture logique et bien lisible, décoration délicate et grasse à la fois, sans lourdeur et sans profusion, toutes les qualités d'une bonne exécution se trouvent réunies dans ceux de ces ouvrages qui peuvent à juste titre passer pour soignés.

De leur côté, les menuisiers en sièges sont revenus aux formes enveloppantes, à la fois gracieuses et confortables, dont le xviie siècle, sur sa fin, s'était fait le promoteur, et qui fournirent, au siècle dernier, tant de modèles incomparables. Mais les uns et les autres ne se sont point contentés de créer des œuvres aussi recommandables ; ils ont voulu que leurs successeurs fussent à même d'en produire de meilleures encore ; et dans ce but des écoles ont été fondées, dont la mission est de préparer des artisans d'élite, suffisamment instruits, non seulement pour dessiner et composer certains meubles, dont jusqu'à présent les épures avaient été demandées à des dessinateurs connaissant mal le bois et ses ressources, mais aussi pour résoudre scientifiquement les problèmes de coupe et de construction, dont la solution fut trop souvent obtenue par routine.

Ces tentatives sont d'autant plus louables que le mal qu'on prétend ainsi enrayer est, par son ancienneté, devenu presque vénérable. C'est, en effet, par empirisme ou par tâtonnements qu'ont été exécutés la plupart des meubles anciens que l'on paye si cher dans les ventes publiques.

Les ouvriers du xviie et du xviiie siècle, dont on exalte bénévolement le savoir et les talents, n'étaient point supérieurs, comme instruction, à ceux de notre temps et ne possédaient pas cette science approfondie de leur profession dont, par esprit de dénigrement envers nos contemporains, on aime à gratifier les générations disparues. Au siècle dernier, un juge sans appel, Roubo, se plaint avec amertume de l'ignorance profonde des menuisiers qu'il voyait journellement travailler[1]. Il est forcé de constater que ces ouvriers n'ont point de « théorie », que toute leur habileté consiste dans une routine plus ou moins heureuse, selon qu'ils ont eu des maîtres plus ou moins habiles, « la plupart ne sachant faire qu'une sorte d'ouvrages, et encore avec des calibres qu'ils n'ont pas le talent de faire eux-mêmes ». Il ajoute que, faute de connaissances suffisantes, ils sont obligés de laisser aux sculpteurs non seulement le soin de tailler les ornements en relief, mais aussi celui de pousser les moulures, et que ces derniers, « étant pour l'ordinaire de fort mauvais ouvriers dans leur talent et pour la plupart sans dessin, ne tracent leurs ouvrages qu'avec des calques dont ils ne savent pas faire les originaux[1] ». Certes, nous voilà loin du portrait si avantageux qu'on se complaît à nous faire des artisans du xviie et du xviiie siècle. Cette ignorance si sévèrement constatée est d'autant plus surprenante que, sous le régime des corporations, les menuisiers étaient tenus à un long et minutieux apprentissage, et devaient, pour arriver à la maîtrise, subir un examen rigoureux.

Nous avons dit plus haut que c'est seulement en 1580 que les « charpentiers de la petite cognée » prirent dans leurs *Statuts* le nom de menuisiers. Ces *Statuts,* refondus en 1645, gouvernèrent le métier jusqu'à l'abolition des corporations. La communauté était administrée par un

---

1. L'*Art du menuisier,* tome III, p. 601.

principal élu, assisté de six jurés qui chaque année devaient faire au moins quatre visites chez chacun des maîtres, pour s'assurer que ceux-ci ne contrevenaient pas aux règlements. Chaque maître ne pouvait avoir qu'un apprenti, et l'apprentissage durait six années, après lesquelles on devenait compagnon. Enfin, pour pouvoir être admis à la maîtrise, les compagnons devaient (art. IX) « faire de leurs mains propres, en la maison de l'un des jurés, le chef-d'œuvre prescrit, tant en assemblage que de taille, de mode antique, moderne ou françoise, garny d'assemblage, liaison et moulure », etc. Il semble qu'avec tant de précautions on ne pouvait manquer d'obtenir des artisans parfaits. Roubo vient de nous édifier sur les médiocres résultats que donnait cette réglementation méticuleuse.

La Révolution supprima, on le sait, les maîtrises et les jurandes. Elle émancipa l'industrie en rendant libre et facile l'accès de toutes les professions. Grâce à elle, le long et stérile apprentissage ne fut plus déclaré indispensable. La capacité de chacun fut désormais établie par ses œuvres, et non par des brevets. Mais le besoin d'une éducation solide, d'une préparation sérieuse, n'en demeura pas moins évident. C'est pour répondre à ce besoin, pour former des artisans d'élite, que, depuis dix ans, la Ville de Paris et les chambres syndicales rivalisent d'efforts; et par leurs soins, des écoles ont été créées où les jeunes gens qui se destinent à la menuiserie et à l'ébénisterie reçoivent une éducation excellente.

Ces écoles sont actuellement au nombre de quatre. La plus importante porte le nom d'École Boulle et appartient à la Ville de Paris. Elle est établie rue de Reuilly et forme des menuisiers, des ébénistes, des sculpteurs et des tapissiers. Des cours de géométrie, de dessin, d'aquarelle et de marqueterie viennent compléter la très sérieuse et très complète instruction technique qu'on donne dans les ateliers. Les enfants passent quatre ans dans cet établissement ; lorsqu'ils le quittent, ils ont accompli un véritable apprentissage ; et comme ils n'ont été distraits de l'enseignement journalier par aucune de ces courses, de ces corvées, de ces travaux subalternes qui dans les ateliers ordinaires absorbent en partie le temps des apprentis ; comme tous les ouvrages qu'on leur fait exécuter ont en vue, non pas l'exploitation de leur activité, mais leur éducation technique, ils sortent de là avec toutes les qualités requises pour faire des artisans distingués. Ajoutons que le nombre des places, étant limité, l'école n'ouvre ses portes qu'à des sujets intelligents, bien doués et dont la conduite est irréprochable. Elle les classe, en outre, suivant leurs facultés particulières, et, après leur avoir donné une teinture de toutes les branches de l'industrie du meuble, elle les pousse dans la voie qui semble le mieux répondre à leurs aptitudes.

La Ville possède un second établissement situé à Montevrain, et qui porte le nom d'ÉCOLE D'ALEMBERT. Ici il ne s'agit plus de former une élite de travailleurs intelligents et instruits, mais de doter des enfants moralement abandonnés d'une profession qui leur permette de gagner par la suite honorablement leur vie. L'enseignement qu'on donne dans ce nouvel établissement, tout en étant fort complet, est, par conséquent, d'un ordre moins élevé que celui reçu à l'École Boulle.

La troisième école a été instituée par la *Chambre syndicale de l'ameublement*. Elle porte le nom de PATRONAGE INDUSTRIEL DES ENFANTS DE L'ÉBÉNISTERIE ; elle complète par des cours de géométrie, de dessin, de modelage et par des démonstrations techniques du plus haut intérêt, l'enseignement de l'atelier. Les jeunes gens qui viennent suivre ces cours du soir apprennent à connaître ce qu'on est convenu d'appeler les *styles,* à composer et à dessiner des meubles d'après un programme donné, à tracer scientifiquement les courbes qui permettent de débillarder une pièce de bois suivant un calibre compliqué, à débiter le bois en *relevé* pour éviter toute perte de matière. En sortant de cette école, où ils ont pu compléter par des leçons théoriques l'apprentissage pratique de l'atelier, les jeunes gens sont aptes à faire des ouvriers d'élite.

Enfin la *Chambre syndicale des ouvriers ébénistes et menuisiers* possède une quatrième école du même genre que celle du patronage, dont les cours du soir suppléent aux insuffisances de l'éducation courante reçue par les apprentis. Grâce à ces différents établissements, une importante lacune se trouvera comblée. Comme le disait fort bien en 1881 un grand industriel de province qui est en même temps un artiste distingué : « On trouve toujours des tapissiers et des sculpteurs, mais on rencontre très difficilement un chef d'atelier menuisier[1]. » Et cependant c'est ce chef si malaisé à trouver qui est le plus nécessaire, car « la composition d'un meuble simple, de bonnes proportions, de formes élégantes, est chose si peu facile, que bien peu d'architectes osent l'entreprendre, à cause des difficultés inhérentes à la matière et des questions de fabrication. »

Faut-il ajouter que ce ne sont pas là les seuls services que notre époque aura rendus à l'importante industrie dont nous venons de retracer sommairement l'histoire ? Le XIXe siècle, qui, au point de vue scientifique, peut revendiquer tant de découvertes merveilleuses, a doté la menuiserie d'un certain nombre de machines-outils permettant d'exécuter, avec une rapidité singulière et une sûreté absolue, les ouvrages les plus compliqués et les plus difficiles. Déjà au XVIIIe siècle, les Hollandais avaient établi des scieries mécaniques, mues par des moulins à vent, et disposées de façon à équarrir les grumes et à les débiter en plateaux. Mais dans les ateliers des villes françaises on continuait de se servir de la grande scie à main, et beaucoup

---

[1]. *Commission d'enquête sur la situation des ouvriers et des industries d'art*, p. 352, déposition de M. Blanqui.

de personnes peuvent encore se souvenir d'avoir vu les scieurs de long occupés à refendre péniblement des troncs d'arbre. Cette opération, très pittoresque assurément, mais qui ne laissait pas que d'être fatigante, longue et coûteuse, a été remplacée par le sciage à vapeur, qu'on trouve désormais dans nos grands établissements. La grume, placée sur un chariot mobile et qui avance progressivement, vient chercher le contact d'un jeu de fortes scies plus ou moins nombreuses, plus ou moins espacées, et qui, animées d'un mouvement constant de va-et-vient, tranchent les plus gros troncs d'arbre avec une régularité parfaite.

Pour débiter les pièces de bois de petit calibre, on a inventé la *scie à ruban* ou *scie sans fin*, et pour les découper, la *sauteuse,* qui permet de suivre facilement les contours les plus compliqués et d'exécuter sans effort les pièces ajourées, regardées autrefois comme les plus difficiles. Avec ces diverses sortes de scies on confectionne également les tenons, et on prépare le travail du sculpteur, en débarrassant les morceaux destinés à être sculptés de toutes les parties accessoires que l'on était jadis obligé de faire tomber au ciseau. De même, pour le corroyage du bois, au rabot directement manié par l'ouvrier on a substitué l'action de la *raboteuse,* qui communique aux longues surfaces une planitude et une régularité de poli que le travail individuel ne pouvait lui donner. Grâce aux machines à repercer et à fraiser, mues aussi par la vapeur, on peut, en outre, percer avec une rapidité précédemment inconnue les trous nécessaires pour les chevilles, pour les tourillons, pour l'introduction de la *sauteuse* dans les pièces que l'on veut ajourer, et préparer également les mortaises. Enfin la *toupie,* animée d'un mouvement vertigineux de rotation, permet, à l'aide de fers aussi variés qu'on le désire, de pousser, pour ainsi dire instantanément, les moulures les plus compliquées.

A l'aide de ces machines-outils, un ouvrier habile exécute

en une matinée autant de besogne que six hommes en faisaient autrefois en un jour. De là une diminution considérable dans le prix de la main-d'œuvre pour tous les ouvrages qui peuvent se fabriquer par nombres, et une régularité dans la fabrication qui permet à des morceaux façonnés d'après des épures suffisamment soignées et par des ouvriers qui n'ont aucun rapport entre eux, de s'adapter exactement les uns aux autres, comme les pièces d'un appareil mécanique ou les ressorts d'une horloge.

Cette substitution de la machine à la main de l'ouvrier est appelée à devenir le point de départ d'une révolution complète dans la production de la menuiserie. Bien servie par l'éducation absolument supérieure que reçoivent nos jeunes apprentis, stimulée par le goût du public, qui progresse d'une façon constante, cette belle industrie, cet art — donnons lui ce titre mérité — commence à se transformer et à entrer dans des voies nouvelles. Déjà la main-d'œuvre est arrivée à un point de perfection tel que tout meuble ancien, si réussi qu'il soit, peut désormais être exactement copié. Mais à côté des chefs-d'œuvre que des ouvriers merveilleusement entraînés ne cesseront pas de produire et qui sont et resteront toujours réservés aux personnes riches, on peut prévoir la prochaine apparition d'un mobilier élégant, commode et assez bon marché pour être à la portée des bourses les plus modestes. De cette façon la possession de meubles sagement pondérés, bien construits, ornés avec goût, ne sera plus le privilège de quelques classes exceptionnellement fortunées ; et la menuiserie française, se conformant, une fois de plus, aux besoins d'une société nouvelle, satisfera aux légitimes exigences de ce luxe honnête auquel peut prétendre une grande et laborieuse démocratie.

FIN

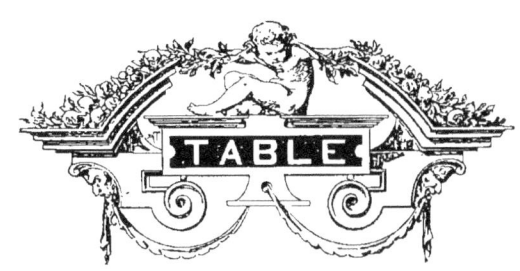

PREMIÈRE PARTIE

I. — Définition de la menuiserie. — Différentes sortes de bois qu'elle met en œuvre....................	3
II. — De la façon dont le bois est débité et des précautions exigées pour sa mise en œuvre................	11
III. — Des diverses classes de menuisiers. — Des menuisiers en bâtiment et de leurs principaux ouvrages........	17
IV. — Des lambris......................................	20
V. — Des assemblages.................................	32
VI. — Des moulures....................................	40
VII. — Le menuisier en meubles. — Les meubles à bâtis et à panneaux.....................................	44
VIII. — Les meubles à bâtis.............................	61

DEUXIÈME PARTIE

I. — Réflexions générales. — Les premiers âges. — L'art du bois chez les Égyptiens............................	103
II. — L'art du bois en France du XIIIᵉ au XVᵉ siècle. — Les charpentiers de la petite cognée. — Origine de la menuiserie proprement dite...........................	109
III. — La menuiserie à l'époque de la Renaissance et durant les premières années du XVIIᵉ siècle................	129
IV. — La menuiserie pendant la seconde moitié du XVIIᵉ siècle et la première moitié du XVIIIᵉ.................	139
V. — La menuiserie depuis le milieu du XVIIIᵉ siècle jusqu'à nos jours...................................	150

IMPRIMÉ
POUR M. CH. DELAGRAVE
PAR LA
SOCIÉTÉ ANONYME D'IMPRIMERIE DE VILLEFRANCHE-DE-ROUERGUE
JULES BARDOUX, DIRECTEUR

www.ingramcontent.com/pod-product-compliance
Lightning Source LLC
Chambersburg PA
CBHW050214230526
45470CB00001B/380